아직 오지 않은 날들을 위하여

UNE BRÈVE ÉTERNITÉ: Philosophie de la longévité

by Pascal Bruckner

세계적 지성이 전하는
나이듦의
새로운 태도

아직
오지 않은
날들을
위하여

파스칼 브뤼크네르 지음
이세진 옮김

INFLUENTIAL
인 플 루 엔 셜

죽음보다는 추한 삶을 더 두려워해야 한다.

—베르톨트 브레히트

프롤로그

나이가 들었다고 꼭 그 나이인 건 아니다

슈테판 츠바이크의 자전적 저작《어제의 세계》를 보자. 70세의 군주가 늙은 대신들과 함께 다스리던 19세기 말 오스트리아-헝가리제국 시대의 빈은 젊음을 못마땅하게 바라보는 풍조가 만연한 도시다. 치기를 버리지 못한 자에게 화 있을진저, 그런 사람은 일자리도 구하지 못했다. 구스타프 말러가 고작 37세에 국립오페라극장 음악감독이 되었다고 한바탕 시끌벅적했을 정도다.

그때는 젊음이 출세에 걸림돌이었다. 야심가들은 실제보다 더 나이 들어 보여야 해서 청소년기부터 곁늙었다. 수염이 더 빨리 자라기를 바라며 매일 면도를 했고, 금테 안경을 썼고, 목깃에 빳빳하게 풀을 먹인 불편한 예복과 길고 검은 프록코트 차림을 고수했으며, 배가 나오기 시작한 태를 일부러 과시했다. 그때는 그래야만 진중한 사내로 통했다. 20세부터 노년의 옷을 입는 것이 성공의 필수 조건이었다. 앞선 세대는 기계적이고 모욕적인 교육으로 불이익을 받았음에도, 감히 치고 올라오는 젊은 세대를 벌해야 했다. 젊은 세대의 어리바리한 풋내기, 버릇없는 악동 시절을 빨리 끝내야 했다. 진중함이 대세였기에, 나이를 먹을 만큼 먹는 것이 교양 있는 행동방식이었다.

어른이라면 누구나 젊음의 겉모양을 꾸며내려 안간힘을 쓰는 지금 시대와 달라도 얼마나 다른가. 요즘은 다들 머리를 기르거나 청바지를 입는 등 나이를 가늠할 수 없게 하고들 다닌다. 어머니가 딸과 똑같이 입고 다니니 옷차림에 세대 차이가 없다. 옛날에는 이 세대나 저 세대나 어르신처럼 살았지만, 지금은 어르신이 애들처럼 살고 싶어 한다. 40대 키덜트, '오춘기', 섹시한 60대, 70대 싸움꾼, 배낭 하나 메고 스틱을 짚고 헬멧을 쓴 채 마치 에베레스트나 칼라하리사막이라도 정복할 태세로 거리와 공원을 누비는 노르딕워킹 신도, 킥보드를 타는 할머니, 인라인스케이트나 전동 킥보드를 타는 할아버지들이 널리고 널렸다. 세대 착오는 희극적이면서도 징후적이다. 몸에 딱 붙는 정장으로 멋을 낸 젊은이와 반바지 차림으로 쏘다니는 관자놀이가 희끗희끗한 늙은 개구쟁이. 시대가 거꾸로 됐다.

그동안 가치 체계가 뒤집히긴 했다. 플라톤은 지식의 단계도 나이를 따라간다고 보았기 때문에 50세가 넘어야만 선善을 관조할 수 있다고 했다. 따라서 플라톤의 국가는 일종의 "입헌 노인통치"[1] 체제라고 할 수 있다. 오직 연장자만이 정념의 혼란에 대비하여 시민을 고양된 인류의 수준으로 끌고갈 수 있다. 권력의 행사가 정신적 권위에 좌우된다. 플라톤은 《국가》에서—스콧 피츠제럴드의 《벤저민 버튼의 기이한 사건》보다 훨씬 앞서서—옛날에는 "노인들이 흙에서 나와 생을 역순으로 살다가" 신생아의 상태로 돌아갔으리라고 상상한다. 그래서 그는 어린 시절을 생의 끝, 오랜 여정을 마치고 돌아가는 출발점이라고 보았다. 시작은 끝이었고, 끝은 시작이었다.

그러나 이 주제에 대한 시선이 달라졌다. 한 세기 전부터, 특히 무책임한 장군들의 명령으로 어느 연령대 전체가 사라지기까지 한 제1차 세계대전의 극심한 피해 이후, 성숙은 일종의 추락으로 여겨졌다. '무르익는murir' 것이 마치 '죽는다mourir'는 의미 같았다.[2] 전쟁은 끔찍하게도 아버지보다 아들을 저승길에 앞세웠다. 그리하여 젊은이는 초현실주의와 68혁명을 계기로 아르튀르 랭보의 후계자, 모든 약속의 보고寶庫, 나아가 천재성의 결정체가 되었다. 미국의 반전운동가 제리 루빈은 1960년대에 "30세가 넘은 사람의 말은 절대 믿지 말라"고 외쳐놓고 본인은 40대 이후에 사업가로 변신했다. 이러한 전환에서 새로운 태도가 탄생했다.

청춘 예찬은 승리하면서 패배한다. 젊음의 권리를 요구하는 자들은 나이를 먹으면서 매일 조금씩 그 자격을 잃어간다. 그들은 순간의 특권을 영원한 귀족의 자격으로 바꾼다. 한 시대의 파괴자들이 그다음 시대에는 구닥다리가 되고 만다. 전위파는 시대에 뒤떨어진 예술가 후보이고, 노망 난 젊은이는 그 노망의 후광으로 먹고살 것이다. 젊음을 맹신했던 베이비붐 세대조차 결국은 70대, 80대가 된다. 젊음을 떠받드는 사회가 쾌락주의에 지배당하기는커녕 일찌감치 노화에 대한 두려움으로 강박적 자기관리, 예방 차원의 의료 시술에 빠진다는 점은 특이한 일이다. 세월이 흐를수록 영원한 '짝퉁' 젊음은 가짜 태가 확연히 난다.

인간이라는 동물은 30세까지 자기는 늙지도 않고 천년만년 살 것처럼 느낀다. 그에게 생일은 재미있는 형식상의 절차, 무해한 표시일 뿐이다. 그다음부터는 10년 단위로 30대, 40대, 50대가 이어진다. 늙는다는 것은 달력 속으로 편입되는 것, 지나간 시대의 사람이 되는 것이다. 나이는 세월을 공감하게 하지만 세월을 비극적으로 만들기도 한다. 공통의 조건으로 한데 묶이고 그대로 휘둘리는 신세는 서글프다. 나이가 들었다고 해서 내가 꼭 그 나이인 것은 아니다. 서류상의 내 나이와 스스로 느끼는 내 나이 사이의 간극을 두고 하는 말이다. 요즘 시대에는 이 간극이 너무 크다. 그래서 2018년에 69세의 어떤 네덜란드인은 서류상의 나이를 고쳐주지 않는다며 국가를 상대로 소송을 걸었다. 자기가 느끼는 나이는 49세인데 공식적인 나이 때문에 일과 연애에서 차별을 받는다는 것이었다. 우리는 이렇게 사고방식이 변해가는 양상을 보고 있다. 최선의 방향과 최악의 방향 양쪽 모두로 말이다.

이제 사람들은 인생을 자기 마음대로 여러 번 살 권리를 요구한다. 나이 먹는다고 철이 드는 것도 아니요, 나이 때문에 사람이 무너지지도 않기 때문에 자기 나이로 보이고 말고가 없다. 나이는 수많은 변수 중 하나일 뿐이다. 이제 우리는 생년월일, 생물학적 성, 피부색, 지위 따위에 얽매이고 싶어 하지 않는다. 여자가 되고 싶은 남자가 있고, 그 반대 경우도 있고, 둘 중 어느 쪽도 되고 싶지 않은 사람도 있다. 노인은 자기가 애인 줄 알고, 청소년은 술을 사거나 클럽에 들어가려고 신분증을 위조한다. 인간 조건은 여기저기 금이 갔고, 우리는 정체성과 세대가 유동적인 시대에 진입했다. 우리는 이제 너무 큰 수가 되어버린 자신의 나이에 기죽지 않고 커서를 마음대로 옮기고 싶다. 50대, 60대 무리에 이제 막 합류한 이들은 그 무리의 관습을 거부하기 시작한다.

사실, 나이는 우리가 비교적 기꺼이 따르는 협약이다. 이 협약이 사람들을 이런저런 역할과 입장으로 갈라놓았는데 과학의 발달과 수명의 연장으로 상황이 바뀌었다. 지금은 속박에서 벗어나 성숙과 노년 사이의 모라토리엄을 잘 활용하여 새로운 삶의 기술을 만들어내고 싶어 하는 사람들이 너무나 많다. 그 모라토리엄을 인생의 인디언 서머라고 부를 수 있을 것이다.

베이비붐 세대는 자기네가 걸어갈 길을 스스로 닦은 개척자다. 이 세대는 한창때 젊음을 재창조했고, 지금은 노년을 재창조할 수 있다고 믿는다. 심리적 나이가 생물학적·사회적 나이와 일치하지 않기 때문에 그들은 여전히 용맹하다. 자연은 우리의 스승이지만 과거와 달리 우리의 길잡이까지 되지는 못하고 있다. 무심한 자연이 우리를 성장시키기보다 무너뜨리는 때에 우리는 자연의 엄명에 저항하면서 전진한다.

이 책은 지적 자서전이자 선언문으로서, 인생의 기나긴 시간이라는 한 가지 문제만을 다룬다. 우리는 50세 이후, 젊지 않지만 늙지도 않은, 아직은 욕구가 들끓는 이 중간 시기를 살펴볼 것이다. 이 시기에는 인간 조건의 중대한 문제들이 날카롭게 부상한다. 오래 살고 싶은가, 치열하게 살고 싶은가? 다시 시작할 것인가, 방향을 꺾을 것인가? 재혼 혹은 재취업을 하면 어떨까? 존재의 피로와 황혼의 우울을 피하려면 어떻게 해야 할까? 크나큰 기쁨과 슬픔을 어떻게 감당할까? 회한이나 싫증을 느끼고도 여전히 인생을 잘 흘러가게 하는 힘은 무엇인가?

인생의 계절에서 가을에 새봄을 꿈꾸고 겨울을 최대한 늦게 맞이하기를 원하는 모든 이에게 이 책을 바친다.

포기

포기를 포기하라

늙는 것이야말로
인간이 유일하게 찾아낸 오래 사는 법이다.
― 샤를 오귀스탱 생트-뵈브

━━━━　1945년 이후 우리 사회에서는 무엇이 변했을까? 기본적으로, 인생이 길어졌다. 기 드 모파상의 비유를 인용하자면 인생은 기차처럼 홱 지나가는 것이었는데, 이제 사정이 달라졌다. 인생이 무거운 권태와 쫓기는 듯한 속도 사이에서 왔다 갔다 하니 너무 짧아진 동시에 너무 길어졌다고 말할 수 있겠다. 생은 죽죽 늘어져 끝나지 않을 것 같다가 꿈처럼 홀연히 사라진다. 실제로 지난 한 세기 동안 인간의 수명은, 적어도 부자 나라들에서는 20~30년이나 늘어났다. 모든 사람은 성별과 사회 계급에 따라 운명으로부터 일종의 휴가증을 받는다. 의학, "우리의 유한성으로 무장한 이 형태"(미셸 푸코)가 강산이 한 번 바뀔 만큼의 시간을 우리에게 덤으로 주었다. 충만한 삶의 의지가 노년의 후퇴와 맞아떨어졌으니 이 얼마나 대단한 진보인가.

두 세기 전에는 30세면 이미 늙기 시작했다. 1800년 당시 평균 수명은 30~35세였는데[1] 1900년에는 45~50세가 되었고 현재는 1년에 세 달꼴로 수명이 연장되고 있다. 지금 태어나는 여자아이 두 명 중 한 명은 100세까지 살 것이다. 수명 연장의 파급 효과는 모두에게, 아주 어린 아이에게까지 미친다. 밀레니얼 세대는 18세부터 자기네가 100세까지는 살리라 예상한다. 이리하여 학업, 직업 이력, 가족, 사랑에 대한 생각이 완전히 바뀌었다. 이제 인생은 구불구불 돌아가는 길이다. 빈둥대거나 방황하거나 실패하더라도 다시 걸어가면 되는 머나먼 여정이다.

우리에게는 시간이 있다. 20세에 결혼해서 애를 낳을 필요도 없고, 학업을 빨리 마치려고 안달복달하지 않아도 된다. 여러 가지 공부를 하고, 직업을 여러 개 가질 수도 있으며, 결혼도 여러 번 할 수 있다. 사회가 정해놓은 최후 시한을 아예 무시하진 못하겠지만 이리저리 돌아갈 여지가 있다. 그래서 우리에게 좋은 점도 있다. 망설임에 좀 더 너그러워질 수 있기 때문이다. 하지만 선택지가 너무 많아 정신을 차릴 수 없으니 곤란하기도 하다.

50세가 되면 인생이 정말로 짧아지기 시작한다. 이때 인간이라는 동물은 서로 다른 두 시기 사이에 걸쳐진다. 예전에는 시간이 정신적 완성 혹은 자기 실현이라는 끝을 향해 가는 운동이었기에 방향성이 있었다. 그러나 이제 두 시기 사이에 전에 없던 괄호가 펼쳐진다. 이 괄호가 도대체 뭐냐고? 인생을 여닫이문처럼 열어놓는 유예 기간이다.

놀라운 진보가 모든 것을 바꿔놓았다. 세대 간 관계, 임금 노동자의 위상, 부부 생활, 사회보험 재정, 대대적인 의존 비용 등 모든 것을. 이제 원숙기와 노년기 사이에 새로운 인구층이 나타났다. 라틴어를 따서 '시니어senior'라고 부를 수 있는,[2] 신체적으로 건강하고 나머지 인구보다 가진 것이 많은 세대다. 이 시기에는 애들도 다 키웠겠다, 부부의 의무를 마감하고 이혼이나 재혼을 택하는 사람이 특히 많다. 이러한 변화가 서양 사회에만 퍼진 것은 아니다. 아시아, 아프리카, 남아메리카에서도 출산율 저하와 인구 고령화가 진행 중인데 이러한 상태의 물질적 조건들은 미처 충분히 사유되지 못하고 있다.[3]

어디서나 공권력은 이 인구층을 다시 노동력으로 전환해 65세에서 70세까지 계속 일을 시킬 궁리를 하고 있다. 노년은 이제 몇 안 되는 생존자들의 운명이 아니라 인류 대다수의 미래다. 단 미국의 백인 노동자 계급만은 사망률이 걱정스러우리만치 높아 예외일지도 모르겠다.[4] 2050년에는 지구에 어린아이보다 노인이 두 배 더 많을 것이다. 달리 말하면, 노인이라고 해서 다 같은 노인이 아니고 죽을 날이 얼마 남지 않은 사람들만 진짜 노인일 것이다. 그래서 세대 구분을 좀 더 세분화할 필요가 있다.

생이 짧으면 치열하게 살 이유가 생긴다. 그래서 남아 있는 나날 동안 후회되는 부분을 바로잡거나 잘한 부분을 오래 유지하려고 애쓰는 사람들이 있다. 이것이 카운트다운의 이점이다. 흐르는 매 순간에 욕심을 내게 된다. 50세를 넘으면 이런저런 욕구가 샘솟아 마음이 급해진다.[5] 언제 병이나 사고로 세상을 떠날지 모르니 더욱 그렇다. 르네 데카르트는 "지금의 나는 다음 순간에도 자신이 이러할 것이라고 보장하지 못한다"[6]고 했다. 의학의 발전에도 불구하고 미래의 불확실성은 17세기보다 결코 덜 비극적이지 않으며 매일매일의 덧없음을 상쇄해주지 않는다. 평균 수명이 늘어난 것은 통계적 사실이지만 이것이 개인의 장수를 보장해주지는 않는다. 우리는 양쪽을 다 내려다볼 수 있는 능선에 올라와 있다.

여기서 문법적 범주의 미래와 실존적 범주의 미래를 구별할 필요가 있다. 실존적 미래는 우발적이지 않은, 원하고 욕망했던 내일을 의미한다. 어떤 미래는 감당해야 하는 것이지만 또 다른 미래는 만드는 것이다. 전자의 미래는 수동적이지만 후자의 미래는 의식적 활동이다. 내일은 춥거나 비가 올 수도 있지만 내일 날씨에 상관없이 나는 작정한 대로 여행을 떠날 것이다. 오래오래 그냥 살아 있기만 할 수도 있지만 마르틴 하이데거가 말하는 의미로 실존할 수도 있으려나? 하이데거는 존재자와 언제나 미래에 기투企投하는 실존자를 구분한다.[7]

빅토르 위고는 좀 더 간단하게, 인간에게 "가장 무거운 짐은 정말로 사는 것 같지도 않은데 사는 것"이라고 했다.[8] 어쩌다 보니 주어진 이 20년, 30년으로 뭘 해야 하나? 우리는 이미 제대했는데도 또다시 전투에 동원된 병사들과 비슷한 신세다. 할 일은 얼추 다 했고 결산의 시간이 다가오는 것 같은데, 그래도 계속하기는 해야 한다. 삶이 두렵고 이 길의 끝에 모든 짐을 내려놓고 쉴 수 있는 약속의 땅이 있다고 믿는 이들에게는 늙는다는 것이 역설적으로 위로가 된다. 그러나 인디언 서머, 역사에 전례 없는 이 새로운 만년晩年은 그들의 소망을 부정한다. 그들은 쉬기를 원했는데 버티라고 한다.

전에 겪어본 적 없는 이 유예는 흥미로운 동시에 불안하다. 추가로 주어진 날들의 수확을 채워야 한다. 장-폴 사르트르는

1964년에 《말》에서 "내가 더는 전진할 수 없음을 알았다는 것이 나의 진전이다"라고 했다.[9] 당시 59세였던 그는 "산을 오르는 자의 젊은 취기"가 그립다고 고백한다. 반세기가 지난 지금, 우리는 어떠한가? 시한이 짧아지고 가능성은 축소되었으나 여전히 발견, 놀라움, 기막힌 사랑이 있다. 시간은 희한한 우군이 되었다. 우리를 죽이지 않고 떠받친다. 불안과 경쾌함의 매개, "과수원 같기도 하고 사막 같기도 하다."(르네 샤르) 인생은 여름날 저녁처럼 죽죽 늘어진다. 싱그러운 공기, 맛있는 음식, 다정한 사람들과 함께라면 잠보다는 그저 이 마법 같은 저녁을 오래오래 누리고만 싶다.

평균 수명이 길어지면 그저 살날만 늘어나는 게 아니라 우리가 삶과 맺는 관계가 근본적으로 바뀐다. 평균 수명이 길어졌기 때문에 출생 시기가 각기 다른 사람들이 서로 다른 기억과 기준을 간직한 채 지구상에서 동시에 살아간다. 한 세기를 살면서 두 번의 세계대전, 냉전, 베를린 장벽 붕괴를 경험한 사람과 스마트폰, 태블릿 피시를 끼고 첨단기술에 둘러싸여 살아가는 요즘 아이는 무슨 공통점이 있을까? 현재의 나, 과거의 나, 미래의 나는 무슨 공통점이 있는가? 그대로인 것은 신분증뿐 아닌가? 연대기들은 서로 뚜렷한 관계를 맺지 못한 채 충돌하고, 저마다 기준으로 삼는 바가 다르다. 그래서 가장 나이 많은 세대와 가장 어린 세대 사이에는 정말로 번역의 문제가 불거진다. 그들은 같은 언어로 말하지 않는다.

평균 수명이 길어지면서 양립 불가능성은 무너졌다. 지금은 이것도 되고 저것도 될 수 있다. 일례로, 한 사람이 아버지이자 할아버지이자 증조할아버지일 수 있다. 노인이지만 운동선수일 수 있고, 어머니가 자기 딸과 사위의 대리모가 되어주기도 한다.[10] 무엇이든 될 수 있는 므두셀라(《창세기》에 969세까지 살았다고 기록된 인물 — 옮긴이)인 셈인데, 그것도 아주 원기 왕성한 므두셀라다. 남성은 75세까지도 생식 능력이 있으므로 손자 볼 나이에 아이를 하나 더 낳을 수도 있다. 고모나 삼촌이 조카보다 마흔 살 어릴 수도 있고, 형제라 해도 첫째와 막내의 나이 차가 쉰 살이나 날 수 있다. 과학은 이처럼 시간 순서를 바꿔놓았다. 이제 족보가 연쇄적으로 뻗어나가기보다는 꼬이고 뒤엉키고, 가족의 위계질서는 뒤죽박죽이다. 우리 앞에 펼쳐진 심연이 모든 지표를 쓸어갔다. 행여 100세 이상 인구가 다수를 차지하게 되면 70세는 버릇없는 어린애 취급을 당할지도 모른다. 하, 요즘 젊은것들은 존중이고 뭐고 모른다니까!

유예란 이런 것이다. 결말의 임시 생략, 근본적인 불확실성. 삶은 이제 탄생에서 죽음까지 날아가는 화살이 아니라 선율적 지속(앙리 베르그송), 켜켜이 쌓인 시간성의 밀푀유다. 문학

가이자 정치가인 알퐁스 드 라마르틴은 "오, 시간이여, 비행을 멈춰다오"라고 했다. 하지만 철학자 알랭은 "얼마나 오래?"라고 반문한다. 우리는 세월이 멈추기를 바랐다기보다는 그냥 기대도 하지 않은 선물을 받았다. 늘어난 시간을 즐긴다는 것은 상실을 애도하는 것이다. 인생은 추리소설과 정반대로 진행된다. 결말도 알고, 범인도 알지만, 범인을 저지할 마음은 없다. 심지어 범인이 들통나지 않게 하려고 우리가 재주를 부린다. 범인이 코빼기라도 드러낼 것 같으면 우리는 애원한다. 제발 숨어 있어요, 아직은 몇 년 더 있다가 당신을 찾아야 한다고요. 어떤 책의 마지막 장은 앞부분의 요점 정리에 불과한데도 여전히 흥미롭다.

미래가 어찌 될지 모른 채 규정되지 않은 상태로 사는 것이 젊음의 특권이라면, 인디언 서머의 특권은 결말을 인정하지 않고 버티는 것이다. 이 나이에는 은총과 몰락의 관계가 애매하다. 50세가 넘으면 태평할 수가 없다. 정도의 차이는 있지만 자기가 되려던 모습이 되어 있고, 계속 그렇게 살든 자기를 재창조하든 선택은 자유다.[11] 성숙은 다양한 세계들을 한 사람 안에 잘 응집시킨다. 그리고 성숙 이후의 시기는 마치 입자가속기처럼 그 응집된 것을 다시 휘젓는다. 전례 없는 청춘, '오춘기'. 그런 말을 하는 사람들은 많았다. 꺾이는 나이가 되면 삶을 선택한다기보다는 계속 살던 대로 살든가, 슬슬 무너지든 가, 더 열심히 살아야 한다고. 그래, 이 잔고를 어떻게 써야 잘 썼다고 소문이 날까?

영미권에는 "오늘은 당신에게 남은 생의 첫날입니다"라는 말이 있다. 남은 생은 첫날부터 시작이지만 그때는 풍성해 보여도 이내 쪼그라든다. 플라톤은 사랑(에로스)이 빈곤의 여신과 풍요의 신 사이에서 태어났다고 했는데 시간도 그런 것 같다. 무르익어가는 시간 동안 비옥한 기다림이 꽃을 피우지만 고갈과 마모도 시간의 산물이다. 나이를 먹는다는 것은 카운트다운에 들어간다는 것이다. 모든 것이 한정되어 있고 하루하루 선택지가 줄어드니 분별력을 발휘하지 않으면 안 된다.

하지만 때 아닌 '오춘기'가 더 이성적인 태도로 이어지지는 않을 것이다. 프랑스 시인 클로드 루아는 절묘하게도 "인생이 문장을 끝맺지 않는 법"을 말했다. 끝을 딱 맺지 않고 반쯤 열린 문처럼 내버려두는 편이 인간적이다. 다른 사람들이 알아서 닫아주고 마침표를 찍어줄 것이다. 비록 그들이 우리 팔자가 어쩌니 저쩌니 떠들 수도 있겠지만 말이다.

키르케고르는 인생의 여정을 세 단계로 구별했다. 미학적 단계에서는 즉각적인 것을 좇는다. 윤리적 단계에서는 정신의 요구를 좇는다. 마지막으로 종교적 단계에서는 자기 실현을 좇는다.[12] 고무적인 이야기이기는 한데 과연 누가 자기 인생을 논술문 개요처럼 세 단계로 딱 떨어지게 나눌 수 있을까?

삶은 늘 영원한 도입부요, 점진적 전개 따위는 끝까지 없다. 우리는 언제나 현재의 문 앞에 떠밀려 있는 상태로만 시간 속에 정주한다. 우리는 시간 속에 머물되 고정 거주지는 없는 노숙자들이다.

결국, 까놓고 보면 사기다. 과학 기술이 늘려준 것은 수명이 아니라 노년이다. 죽기 직전까지 우리를 쌩쌩한 30대, 40대의 외모와 건강 상태로 살게 해준다면, 혹은 우리가 선택한 연령대로 살아가게 해준다면, 그게 진짜 기적일 것이다. '수명 연장 기술'이 세포 및 미토콘드리아 관련 요법, 수술, 연구를 통해 그러한 방향에 매진하고 있다지만 아직은 먼 얘기다.[13]

이 안식년은 독이 든 선물이다. 오래 사는 만큼 병도 오래 앓는다. 건강한 상태에서의 생존 기간은 그렇게까지 늘지 않았다.[14] 의학은 장애와 치매를 만들어내는 기계가 되었다.[15] 이미 너덜너덜해진 삶을 20년이나 더 살라니! 우리는 삶의 모든 순간에서 제일 마음에 드는 얼굴을 유지하거나 수술 한 번으로 뚝딱 되찾고 싶다. 노년은 신체와 정신이 그럭저럭 괜찮다는 조건에서만 참을 만하다.

따라서 생이 길어지고 '진짜 노년'이 늦어질수록 노화에 대한 공포는 오히려 커진다. 이 공포는 점점 더 빨라져서 청소년기부터 시작된다. 20세밖에 안 된 여성들이 난자를 냉동시키고 성형수술에 입문한다. 타고난 신체는 바라는 신체가 아니고, 바라는 신체는 결코 현실의 신체로 충족되지 않는다. 현실의 피부는 결코 바라는 만큼 충분히 매끈하고 탱탱하고 탐스럽지 않다. 미적 기준에 부합하지 못한다는 두려움은 유년기가 끝나자마자 싹튼다. 피부가 아주 조금 처지기만 해도 리프팅 시술을 시작한다. 허다한 결점을 그렇게 정복했기에, 모든 결점을 한 번에 없앨 수 없다는 사실에 되레 놀란다. 재앙은 많고 많지만 지금은 불행을 제거할 수 없는 것도 재앙 축에 든다. 의학의 눈부신 발전은 시련을 거의 제거할 수 있다는 거짓 희망을 주었다.

1992년에 어느 잡지는 '노화가 곧 사라진다'라는 머리기사를 걸었다.[16] 믿기지 않는 소식이다. 노화 정복이 단지 시간 문제라면, 생체 시계를 뒤로 돌려 노화를 늦출 수 있다면, 그다음에는 궁극의 원수인 죽음도 제압할 수 있지 않겠는가. 언젠가 멈추고 말 생이라는 이 치명적 질병을 먼저 치유해야 한다. 우리는 노화에 대한 공포와 기적을 갈구하는 미친 희망 사이에 있다. 과학의 발전에 힘입어 질병과 죽음을 완전히 정복하리라는 비이성적인 확신을 품고서. 우리는 어린애처럼 화를 피해가기를, 가령 100세 이상 인구의 DNA 염기서열이나 후성유전학을 연구하여 장수의 법칙을 알아낼 수 있기를 꿈꾼다.[17]

죽음에 대한 이 시대의 반란을 이해할 필요가 있다. 특히 트랜스휴머니즘은 이 반란의 주요한 기치다. 바꿀 수 없는 숙명

(유한성과 사망)과 바꿀 수 있는 숙명(노화를 늦추고 생존 기간을 연장)이 점점 더 구분되지 않는 시대다. 이제 죽음은 삶의 정상적인 끝이 아니라 고장 나서 멈춘 것을 고치지 못한 실패처럼 여겨진다. 조금만 더 있으면 의학이 발달해서 더 살 수도 있었을 거라면서 죽음을 추문처럼 여기는 시대가 오리라. 그 시대에 우리는 죽음을 불의의 사고처럼 말할 것이요, 모든 병을 고치려 할 것이다.

현대는 자연의 우발성에 아무것도 맡기지 않는 '제2의 창조', 생명 지배라는 거짓 희망을 품게 한다. 이제 다들 그런 희망을 미쳤다고 보지 않는다. 단지 실현이 지체되고 있다든가 걸림돌이 있다는 식으로만 생각한다. "이상과 현실의 간극을 참을 수 없게"(카를 마르크스) 하는 데까지는 성공했다. 그다음에는 혁명을 일으킬 수도 있고 생산성 없는 불평만 늘어놓을 수도 있다.

오래 사는 것이 절대 규범이 되면서 문명은 노쇠, 기력 상실, 의존을 더욱더 용납하지 않는다. 우리가 여전히 늙어가고 죽어간다는 사실을 참아주지 않는다. 생물학과 인공지능의 도움으로 생명을 리모델링하겠다는 트랜스휴머니즘의 눈부신 약속들은, 적어도 지금으로서는 듣기 좋은 공론, 디지털 언어로 다시 쓴《파우스트》에 불과하다. 그 약속들은 프로메테우스적

이긴 하지만 아직 실현이 멀기에 힐책 받을 만하다. 눈부신 미래를 제시하던 공산주의의 배턴을 이어받았으되 과학에 토대를 둔 약속들이라고 할까. 그래도 동일한 위안, 자기 자신과 세계에 대한 전지전능의 동일한 꿈이다. 신체라는 "이 시대착오적인 껍데기"(다비드 르 브르통)[18]를 청산하고 새로운 기술 개발에 힘입어 리모델링해야 한다. 썩은 고깃덩이, 내장 뭉치였던 우리는 사이보그, 실리콘 덩어리가 된다.

우리는 두 가지 사고방식을 교차시키고자 한다. 각 연령대에 맞는 운명이 있다는 기존의 사고방식과 숙명에 맞서 한계를 밀어내고 인간을 개선하려는 사고방식을. 인간을 리모델링하고 증강하려는 이 공학은 우리의 의심과 찬탄을 동시에 불러일으킨다. 트랜스휴머니즘, 바이오테크놀로지는 우리의 증오와 정신 나간 희망을 깨운다. 하지만 그로써 연구에 진척이 있다면 시작부터 비난을 할 게 아니라 실용적인 자세를 보여야 하지 않을까?(뤼크 페리)[19] 이번 세기 중반이면 노화 세포 연구의 성과 덕에 150세까지 살게 될 거라고들 한다. 그러지 못하란 법이 있나? 우리는 그때까지 못 살아도 후손에게는 기회가 올지 모른다.

조금만 있으면 영생을 살 수 있다고들 하니 침울한 영혼들은 죽음의 죽음을 애통해한다. 그러나 우리는 공표된 야심과 기록된 성과 사이의 깊은 골을 마음에 새겨야 한다. 불가피한 것은 미뤄졌을 뿐, 폐기되지 않았다. 독일과 일본에서는 유아용 기저귀보다 성인용 기저귀가 더 많이 팔린다고 한다!

늙는 것도 서러운데 노화의 슬픔을 부정하거나 노화를 없앨 수 있다고 약속하는 부조리까지 범하지는 말자. 우리의 대단하고도 가소로운 힘은 노화를 늦추고 손상을 줄일 수 있을 뿐이다. 우리가 손쓸 수 있는 여지만큼이 우리 자유의 여지다. 인생의 이 시기에는 우울증이라는 검은 구렁이가 가장 강인한 성격의 소유자들마저 집어삼키려고 틈을 노린다. 노인의 위상이 높아지려면 의학의 진전뿐만 아니라 사고방식의 진전이 필요하다.

어쨌든, 몸은 거짓말을 하지 않는다. 몸은 우리에게 말한다. 미래는 아직도 가능해, 내가 따라준다는 조건에서 말이지. 너희가 나를 존중하지 않으면 톡톡히 대가를 치르게 될 거야.

의학에서는 사람이 45세가 넘으면 관자놀이에 총구를 겨누고 사는 것과 마찬가지라고 한다. 발사를 늦추느냐 방아쇠를 당기느냐는 그 사람에게 달렸다. 물려받은 신체를 살아온 신체, 유지된 신체와 구분해야 한다. 45세 이후의 연약한 신체는 자질구레하게 손볼 데가 많다. 고장 났지만 가까스로 수리해서 다음 사고가 날 때까지 몰고 다니는 근사한 구형 세단 같다. 어느 순간 이 병 저 병 전전하며 건강에 대한 환상이 부서지는 때가 온다. 치료는 점점 느려지고 회복은 점점 오래 걸린다. 그래도 이때는 어느 한 가지 중병으로 고생하기보다는 자잘하게 골고루 앓는다.

생의 마지막 날까지 도전하기를

남은 시간이 줄어들면 사기라도 높여야 한다. 오늘날의 50대는 르네상스 시대의 신생아와 상황이 비슷하다. 300여 년 전에는 유럽인의 평균 수명이 30세 남짓이었으니 둘 다 앞으로 30년은 남아 있다고 기대할 수 있다. 시간이 많이 남지 않았다는 예측이 되레 삶의 의욕을 부채질한다. 나이가 차츰 무서운 판결처럼 느껴지지 않는다. 이제 인간은 마지막 순간까지 자기 운명을 바꿀 수 있으므로, 어느 수준 이상 나이가 들어도 퇴물이 되는 기분은 덜하다. 괴테는 "늙는다는 것은 서서히 보이지 않게 물러난다는 것"이라고 했다. 그러나 요즘은 50세가 넘었다고 해서 벤치에만 앉아 있지 않고, 꾸준히 모습을 보이거나 노인 차별에 맞서 싸우니 다행이다. 노인은 전체 인구의 30퍼센트 가까이 되는데도 심심찮게 차별의 대상이 된다. 지금은 노인들도 계속 조명을 받기 위해서, '투명인간' 취급을 받지 않기 위해서 부단히 싸운다.

나이가 든다는 것은 원칙적으로 이미 해답을 얻었거나 발견한 단계를 사는 것이다. 그래서 다들 나이 든 사람은 으레 다 알고 이해하려니 한다. 하지만 아무리 많은 답을 얻은들 질문이 마를쏘냐. 좋은 삶이란 질문을 잘 던져놓고 답을 무한정 미

루는 것과 비슷하다. 옛날 서아프리카의 어느 부족은 입문 의
식을 통과하고 죽은 자들과 대화를 나누는 것을 영성의 구현
으로 중요하게 여겼다. 1960년에 말리 출신 작가 아마두 앙파
테 바는 "노인 한 명이 죽으면 도서관 하나가 불탄 것과 같다"
고 했다.

　노년은 전통적으로 속도와 대비되었다. 노년은 느릿하게 걷
고 느긋하게 시간을 들여 숙고하고 결정한다. 그러나 실은 이
시기에도 시간이 쏜살같고 하루하루가 카드로 지은 집처럼 무
너져내리는 것 같은 기분이 든다. 반년, 한 달, 한 주 단위로 헤
아리고 챙겨야 할 것 같은 기분은 어쩔 수 없다. 노년은 '느려
지는 가속'이라는 역설일 것이다.

　인생의 가을은 언제나 모순적으로 정의되어왔다. 모두가 배
려하고 존중하는 가운데 스러져가는 감미로움과 소박한 삶,
끝없는 겨울잠 속에서 쇠락해가는 슬픔이 있다. 이 시기에 대
해서는 조심스러운 찬사와 비방, 감탄과 반감이 왔다 갔다 한
다. 오래 사는 것이 본인의 미덕 때문이 아니라 의학의 발달
때문인 시대에는 더욱더 그렇다.[20] 옛날에는 오래 사는 사람이
드물었으므로 후광이 비쳤지만 이제는 노인이 너무 흔하다.
자기 위상을 규정하거나 운명의 주기를 지정할 수 없는, 부유
하는 노년 말이다. "인생의 찬란한 6월을 놓치지 말라"고 프랑

스 철학자 블라디미르 장켈레비치는 말했다.[21] 하지만 9월, 10월, 12월도 해가 좀 덜 나서 그렇지 근사하기는 마찬가지다.

원래 노년은 평정심의 시간이었다. 손자의 일이라면 뭐든 이해하고 용서하는 애정 넘치는 할아버지 할머니의 시간. 이 시간에 군더더기는 걸러지고 본질만 남는다. 신체의 수분이 빠지고 가장 중요한 것, 정신의 위대함과 영혼의 아름다움만 남는다. 생은 점점 감퇴하고 불꽃 하나만 남지만 바로 그 고고한 불꽃이 만인의 존경과 찬탄을 불러일으킨다. 그러나 이제 생에 대한 이분법적인 생각은 흐릿해졌다. 한쪽에는 활발한 생이 있고, 다른 쪽에는 정반대로 숨이 차서 헉헉대는 생, 병석에 누워 죽을 날만 기다리는 생이 있다는 생각 말이다. 후자는 사람들이 귀신 보듯 두려워한다. 기력을 자기 보존에 다 쏟아붓고 그저 무너지지 않기 위해 매일 전쟁을 치르는 생.[22]

여기에 또 다른 클리셰가 겹친다. 노년은 지상의 즐거움을 탐하는 자세에서 차츰 벗어나 명상과 연구에 몰두하고 지혜의 말씀으로 신탁을 전하며 저승길을 준비하는 시간처럼 이야기되곤 한다. 요즘도 그러한 내려놓음이 일부에게는 먹힐지도 모르겠다. 사실, 행복한 노년의 비결은 오히려 정반대의 태도에 있을 수도 있다. 좋아하는 일, 할 수 있는 일을 최대한 늦게까지 하라. 어떠한 향락이나 호기심도 포기하지 말고 불가능에 도전하라. 생의 마지막 날까지 사랑하고, 일하고, 여행하고, 세상과 타인들에게 마음을 열어두어라. 요컨대, 흔들림 없이 자기 힘을 시험하라.

본질을 지키고 싶다면 무엇을 버려야 할까? 일단, 나이가 들었으면 포기하라든가, 어차피 노년에는 욕망이 감퇴한다든가 하는 생각을 버려라. 결국은 노년이 우리를 제압하고 수용하겠지만 그래도 노년은 재건의 대상이다. 엎드려라, 포기하라, 라는 강요를 거부해야 한다. 고전적인 지혜는 사실 체념과 다르지 않았다. 삶이 척박해지지 않도록, 이름은 거창하지만 결국 요양병원과 다르지 않은 시설에 가지 않도록 온 힘을 다해 저항해야 한다.

예전에는 삶에 모델이 없었다. 18세기에 탄생한 성장소설, 교양소설은 구체제의 붕괴가 가속화되는 동안 개인이 세월의 미궁에서 방향을 잡고 개별성에서 보편성으로 나아가도록 이끌어 주었다. 지금 우리는 어떠한 길잡이도 없이 인생의 가을에 들어선다. 인구 대다수가 이렇게 오래 사는 현상은 20세기 중반 이후에야 나타났기 때문이다. 이제는 '성장소설'이 아니라 학습된 행동 습관, 케케묵은 헛소리에서 벗어나도록 돕는 '탈성장소설'이 나와야 할 것 같다. 말년은 평온해야겠지만 체념하고 살 필요는 없다.

우리는 두 가지 지혜 사이에서 갈등한다. 유감스러워도 불가피한 것에 동의하는 지혜. 가능한 것들을 기쁘게 받아들이는 지혜. 우리는 그 둘 사이를 왔다 갔다 한다. 지그문트 프로이트 이후로 알게 된 바, 무의식에서는 시간이 흐르지 않는다.[23] 우리가 시간 속을 지나가는 것이다.

우리에게 생년월일을 지정해주는 것은 행정 서류다. 나이는 생물학적 현실에 기댄 사회적 관습이다. 관습은 언제라도 변할 수 있다. 물론, 결국 우리는 쓰러질 것이다. 중요한 것은, 끝까지 패배를 내면화하지 않는 것이다.

좋아하는 일, 할 수 있는 일을 최대한 늦게까지 하라.

어떠한 향락이나 호기심도 포기하지 말고

불가능에 도전하라.

생의 마지막 날까지 사랑하고, 일하고, 여행하고,

세상과 타인들에게 마음을 열어두어라.

흔들림 없이 자기 힘을 시험하라.

네 자리를 지켜. 우리는 아주 어릴 때부터 이 메시지를 주입받는다. 허세 부리지 마, 잘난 척하지 마, 못 올라갈 나무는 쳐다보지도 마. 그 밖에도 여러 표현이 있지만 전하고자 하는 의미는 비슷하다. 저마다 부모가 정해준 자리, 태어난 환경, 자기가 해왔던 공부가 있을 것이다. 넘보기 힘든 부와 성공에 다다르려고 애쓰다 보면 자기가 누구이고 어디서 왔는지를 잊는다. 이 규칙을 위반하는 자에게 화 있을진저. 가난한 자, 혜택받지 못한 자는 허락된 것 이상을 넘봐서는 안 되고, 사회적 몽상의 노예가 되어서도 안 된다. 이 위협은 나이가 들수록 심해진다. 하지만 누구나 언젠가는 노인이 된다(파스칼 샹베르). 이 '되기'가 우리를 마구잡이로 한 칸에 몰아넣는다. 살 만큼 살았으니 자리를 넘겨주어야 하는 나이 많은 사람들의 칸으로.

일반적으로, 산다는 것은 한 자리에 머물지 않는 것이다. 우리의 무게중심은 우리의 밖에, 운명의 판단으로는 다다를 수 없다고 하는 상황들에 있다. 어느 영혼에나 범위를 가늠할 수 없는 놀라운 힘이 있다. 평온한 삶을 희구하는 사람은 자기 뜻대로, 특히 60세 이후로는, 그렇게 살면 된다. 칩거 생활, 쪼그라드는 환상들, 실패를 예견하는 씁쓸한 쾌락을 선택해도 괜찮다. 어떤 사람들은 인생을 반밖에 살지 않았는데도 활력을 잃는다. 인류는 집에 처박혀 사는 자들과 밖으로 돌아다니는 자들로 나뉜다. 나이가 들수록 칩거족의 수가 무섭게 늘어난다. 그렇지 않은 자들은 다시 한번 세상을 두루 누비고 다니겠다는 야심을 펼친다. 그러다 환멸에 빠지기도 하지만 섬광처럼 번득이는 열광도 맛본다.

다시 처음으로 돌아가자. 주어진 조건 너머를 넘보는 자들은 벌을 받는다. 하지만 우리는 나이에 상관없이 자신에게 이야기를 들려줄 수 있다. 우리를 다른 고도로 데려가고 기발한 상상의 장소로 끌고 가는 이 이야기가 없다면, 우리는 말 그대로 삶을 견딜 수 없을 것이다. 우리는 사소한 행위와 계획을 시적이고 서사적으로 치장한다. 역마살과 소설 같은 공상, 청소년기부터 앓던 이 두 가지 병은 평생을 간다. 우리는 끝까지 우리 인생에 소설처럼 일관된 흐름이 있기를 바란다. "정신은 필요한 것을 획득할 때보다 필요 이상의 것을 획득할 때 한층 더 흥분한다. 인간은 욕구(살기 위해 필요한 것을 바람)의 창조물이 아니라 욕망(삶에 필수적이지는 않은 것을 바람)의 창조물이다."(가스통 바슐라르)[24]

자리

아직은 퇴장할 때가 아니다

나는 나의 말년이 흥미롭다.
면도할 때와 거울을 볼 때를 제외하면,
내가 늙었다는 생각이 전혀 들지 않는다.

— 키스 리처드

━━━ 　누구나 나이가 꽤 들면 무언가를 훔친 듯한 기분, 다음 세대의 빵을 훔치는 것 같은 기분이 들 수 있다. 윗세대는 죽어라 일해서 우리에게 안락을 선사했는데 우리는 자식 세대, 손자 세대의 등에 업혀 단물만 빠는 것 같다. 시애틀의 인디언 추장이 한 말이라고도 하고, 앙투안 드 생텍쥐페리가 한 말이라고도 하는 유명한 격언이 있다. "우리는 지구를 조상에게 물려받은 것이 아니라 후손에게 빌려 쓰고 있다." 우리는 역사적으로 윗세대, 아랫세대 양쪽의 고혈을 빨아먹고 막대한 빚만 남기는 세대, 도둑처럼 특권을 누리는 세대가 될 것이다. 우리 다음 세대는 우리만큼 잘살 것 같지 않다. 앞을 내다본 그들은 환멸에 빠진 채 우리를 저주할 것이다. 이제 우리는 퇴장할 때가 된 게 아닐까?

나는 은퇴를 원하지 않았다

원한을 사지 않을 방법은 하나뿐이다. 60대 이상 노인들도 '본인이 원한다는 전제 아래' 다시 일을 하는 것이다.[1] 제2차 세계대전 이후 우리 사회에서 어느 연령층이 전부 일을 하지 않는 것, 즉 생산은 하지 않고 소비만 하게 된 것은 최선의 의도가 빚어낸 재앙이다. 경험치와 통찰력은 대개 나이가 들수록 두터워진다. 노인들이 하던 일을 계속하거나 새로운 일을 찾으면, 관계를 되찾고 봉사활동을 하고, 완전한 의미에서 활동의 주체가 될 것이다. 그러면 노인들을 빨리 꺼져야 할 기생충처럼 바라보는 편견도 사라질 것이다.

혁명적 공산주의자이자 마르크스의 사위였던 폴 라파르그가 《게으를 권리》에서 상상한 것은 소비사회였을 것이다. 그는 하루 세 시간 이상의 노동이 엄격히 금지되고 사회에 필요한 부는 전부 기계가 생산하는 이상적인 도시국가를 상상했다. 나머지 시간에 사람들은 진수성찬을 먹고, 구세계를 조롱하는 공연을 무대에 올리고, 끝없는 휴가를 즐길 것이다.[2] 역사의 기이한 뒤틀림 탓에 이 희극적인 유토피아, 영원한 한량질에 대한 찬가가 자본주의의 메카인 북아메리카에서 먼저 승리하게 생겼다. 북아메리카는 20세기에 엔터테인먼트 제국을 건

설했다. 하지만 노동의 역할을 그렇게까지 내버리지는 않았다.

은퇴는 처음부터 애매한 개념이었다. 1889년에 사회민주당의 싹을 자르기 위해 연금제를 도입한 독일 재상 오토 폰 비스마르크는 통계학자에게 자문을 구했을 것이다. "정년을 몇 살로 하면 국가의 부담이 없겠는가?" "65세입니다, 각하." 전문가는 그렇게 대답했으리라. 당시 공무원 대부분이 그 나이에 사망했다.[3] 국가는 노동자가 일찍 사망한다는 조건에서만 노후를 책임질 마음이 있었다. 그런데 노동자가 20년, 30년을 더 산다면 연금제는 밑 빠진 독에 물 붓기밖에 안 된다. 프랑스에서 1945년에 수립된 연금제는 노년의 짐을 덜어주었다.[4]

노동이란 무척 고된 것이어서 반복적 동작으로 닳아빠진 신체를 반드시 쉬게 해야 한다. 하지만 어떤 이에게는 은퇴가 '이중고', 즉 노쇠에 빈곤이 덮친 격이다. 경제 활동을 그만두면 소득이 줄고 "배가 고픈데 목도 마른" 상황이 된다. 직업마다 차이가 있겠지만 대략 60대부터 일을 할 수 없다면 강제 여가의 저주를 피하기 어렵다. 백발이 된 사람은 전부 놀이공원 같은 동심의 세계로 돌아가라고 강요하는 건가. 그러한 여가 시간은 대개 자기계발보다는 허구한 날 멍청하게 텔레비전이나 스마트폰을 들여다보는 용도로 쓰인다. 노년은 이 시각적 탕약을 필요 이상으로 들이켜기 십상이다.

어린이와 청년의 출입은 금지되고 노인들만 세상과 단절된 채 살아가는 빗장 도시^{gated community}의 악몽은 미국에서 이미 시작됐다. 노동이라는 정해진 파이를 모두가 나눠야 한다는 생각은 경제적 맬서스주의에 해당한다. 하지만 노동은 오히려 그 양이 계속 변하고 국가의 혁신과 역동성에 따라 조정 가능하다. 청년층과 노년층은 잘하는 일이 다르니 상쇄가 아닌 상보로 나아갈 수 있다. 특히 프랑스에는 노동의 바깥에만 진정한 운명이 있고 어느 정도 나이를 먹어야 세상을 즐길 수 있다고 생각하는 어리석은 경향이 있다. 60대부터 인생을 즐기겠다는 30대, 40대를 보면 마음이 아프다. 진짜 삶은 '지금 여기'에 있다. 아무리 바쁘고 제약과 장애물이 많아도 진짜 삶을 양보해서는 안 된다. 그러면 여가조차도 과거의 사회생활에 대한 한풀이가 되어버린다. 정신과 신체가 끄떡없던 사람이 무기력한 생활을 몇 달 하고는 쇠약해지거나 우울증에 빠지는 경우가 얼마나 많은가.

작금의 전형적 사례는 이렇다. 남편은 65세라서 돈을 벌지 않는다. 아내는 대개 나이가 좀 더 어리므로 아직 경제 활동을 한다. 2018년에 프랑스에서 일어난 노란 조끼 시위는 60대, 70대가 잠시 중요한 역할을 담당하며 고독과 무료함에서 벗어났다는 점으로 일부 설명이 된다. 이 무정부주의자들은 몇 달이나

마 삶의 의미를, 효용감을 되찾았다. 은퇴자들은 그네들의 68혁명을 치르면서 강요된 무위도식의 악몽에서 깨어났다.

여론조사 기관들이 이런 사실을 확인해주었다. 《이코노미스트》에 따르면 스트레스에 초연해지면서 행복을 가장 잘 느끼는 때는 70세라고 한다.[5] 어쩌면 그 초연함은 그들이 이미 세상에서 벗어나 있어서, 세상에서 할 수 있는 게 아무것도 없기 때문에 나오는 것이 아닐까 싶다. 정말로 70세에는 물질적 문제들에서 벗어나 40세 때보다 자기다운 충만감을 느끼며 살 수 있을까?[6] 노동의 중단과 정신의 평온이 상관관계가 있다고 하지만 연금 삭감과 일을 그만둔 후의 공허감에 시달리다가 거세게 들고일어난 은퇴자들을 못 보았는가? 그러니 가난과 노쇠의 결합에 기쁨의 색을 덧칠하는 것이다.

1970년대에 시몬 드 보부아르는 50세 여성을 쓸데없이 여력은 있고 경제적으로는 자립하지 못한 모습으로 그렸다. 해야 할 일은 없고, 애들은 이미 다 키웠고, 할머니 역할은 아직 하고 싶지 않다. 기력과 시간이 남아도는데도 권태의 사막에서 근근이 살아간다. "그녀는 자신이 살아야 할 기약 없는 나날을 관조하며 속삭였다. '아무도 날 필요로 하지 않아.'"[7]

자기가 아무짝에도 쓸모없는 사람 같다. 한때 일을 했던 사람이라면 누구나 그런 기분이 들 수 있다. 경력도 있고 실력도 인정받았는데 자기를 입증하는 데 혈안이 된 새파란 젊은이들에게 자리를 내줘야 한다는 이유로 자격을 빼앗긴다. 평온과 휴식을 바란 것도 아니고 그저 자기 분야에 남고 싶었건만 억지로 그만둬야 하니 사람이 피폐해진다. 사실, 자기를 실현하는 삶이란 사람을 약하게 만드는 휴식이 아니라 강하게 만드는 단련에 있다.

은퇴자는 사회의 눈에 한물간 사람으로 비칠지 몰라도 자기 자신은 한창때라고 생각한다. 가정과 직업에서의 다양한 책임들 때문에 억눌렸던 자유가 매혹적이면서도 무시무시하게 느껴진다. 그래서 은퇴자는 단순한 오락거리나 자원봉사 외에도 삶의 이유들을 찾아야 한다. 스웨덴처럼 직장인이 몇 년씩 안식년을 쓸 수 있게 하거나 경력 중간중간 쉴 수 있게 하는 식으로 '벤치 타임'을 두는 것도 한 방법이다.[8] 또 다른 방법은 스스로 유효기간이 지났다고 생각해서 일을 그만두고 싶어 하는 사람들을 내보내는 것이다.[9] 임시 유예는 강요된 휴식과 완전히 다르다. 은퇴제는 커다란 배려가 수혜자들에게 재앙으로 둔갑한 사례라고 할 만하다.

철학하는 나이

나이를 먹으면 굳이 열거할 필요가 없을 만큼 뻔한 재앙들이 줄줄이 이어진다. 그러나 이 고행의 목록에 집착하다가는 가장 중요한 것을 놓친다. 인간은 점점 더 잘살게 되었고 점점 더 오래 살게 되었다. 조상들은 진작 죽었을 나이에 우리는 불안하나마 아직 큰 병 없이 살아 있다는 기쁨을 느낀다. 몸은 예전만 못하지만 살아 있다는 부조리한 기쁨이다. 뭐든지 할 수는 없지만 그래도 아직 할 수 있는 게 많다.

1922년에 마르셀 프루스트는 퇴역 군인회의 대변인이자 작가인 롤랑 도르줄레스를 누르고 공쿠르상을 받았다. 다음날 프랑스 일간지 《뤼마니테》의 머리기사는 "나이 든 이에게 자리를!"이었다. 프루스트는 그때 고작 48세였다. 요즘 누가 48세를 '나이 든 사람'으로 쳐줄까? 50세는 넘어야 비로소 생이 자기 앞에 펼쳐지고 뭔가를 누릴 여유가 생긴다.

20대 때는 대학 졸업장을 따느라, 취직을 하느라, 실력을 입증하느라, 초보 딱지를 떼느라, 애송이 태를 벗느라, 첫사랑의 아픔을 이겨내느라, 새로운 자유를 홀로 감당하느라 오히려 젊음을 누릴 수 없었다. 허구한 날 불려가고, 실수를 저지르고, 마음에 들지 않는 선택지 중에서 뭔가를 고르고, 매일 아침 우리가 얼마나 운이 좋은지 아느냐는 말이나 듣는다. 돌이켜보면 악몽이 따로 없다!

우리는 우리 자신을 만들어가는 동시에 술, 약물, 원래 그러는 것이라면서 행하는 온갖 종류의 비행, 사회적 압력에 망가져간다. 젊음에는 아름다움, 역동성, 호기심이 있지만 아직은 흉내나 내는 나이, 더듬더듬 나아가다 넘어지고 유행과 이데올로기에 굴복하는 나이이기도 하다. 성숙기에는 실무 경험이 있지만 쾌활함이나 활력은 떨어진다. 우리는 성장하면서 끊임없이 새로운 장점과 단점을 마주하는데 얄궂게도 그것들은 아귀가 딱딱 맞지는 않는다.

서양에서 삶은 딱 한 번이다. 불교나 힌두교와는 달리, 만회할 수 있는 보충수업이 없다. 그 두 종교는 카르마karma라는 개념에 따라 시험적인 운명을 고안했다. 이번 생에서 우리는 전생의 과오를 갚는다. 그렇게 생을 거듭하면서 우리의 미약함을 정화하다가 열반에 이른다. 동양은 '생으로부터' 해방되고자 하고, 서양은 '생 안에서' 해방되고자 한다. 동양에서는 다시 태어나지 않는 것이 구원이고, 서양에서는 동일한 시간 동안 여러 번 거듭나는 것이 구원이다. 그리스도교도는 영생을 걸고 단판 게임을 하고 힌두교도는 존재의 고통에서 벗어나기 위해 영혼이 정화될 때까지 윤회라는 긴 게임을 한다.

유럽이 15~16세기에 중세의 지배, 다시 말해 모두가 자기의 위치, 종교, 출신에 매여 살아야 하는 예정된 세상에서 벗어나기 시작하자 새로운 약속이 부상했다. 바로 인간이 자기 운명과 자기 시간을 만들어나갈 수 있다는 약속이다. 인간은 사회적·심리적·생물학적 경계를 거부하고 자기를 무한정 구축해나가는 시대로 진입할 터였다. 미국에서는 이 약속에 바탕을 둔 '개척자'의 신화까지 나왔다. 이 약속이 지켜지려면 보통 노력으로는 어림없다. 우리가 운명론을 뿌리 뽑았다고 믿기에는 그 저주가 아직도 너무 강력하다. 계몽주의에서 탄생한 현대성은 숙명에 대한 집단적 반항이라는 점에서 여전히 놀라운 면이 있다.

노년기가 오늘날처럼 철학을 하는 나이, 특히 정신의 나이였던 적은 없었다. 이 시기에는 칸트가 정의한 인간 조건의 모든 도전 과제가 날카롭게 다가온다. 나는 무엇을 바라도 되는가? 무엇을 알고 무엇을 믿는 것이 나에게 허락되었는가? 인생의 인디언 서머는 과연 "영혼이 자기 자신과 나누는 대화"(소크라테스, 《테아이테토스》), 영원한 시험의 상태다. 이 시기에는 활동적인 삶과 관조적인 삶을 번갈아 누릴 수 있다. 가면이나 눈가리개 없이 실존의 비극적 구조를 직시하는 이 시간은 일종의 한계 상황이다.

"사는 법을 배우는 시간이라니, 이미 너무 늦었다." 프랑스 시인 루이 아라공은 그렇게 말했다.[10] 그러나 삶은 학교에서 공부하듯이 배울 수 있는 것이 아니다. 삶이 끊임없이 배움의 조건을 바꿔놓기 때문이다. 재능을 부각하는 것이 젊음의 소관이요, 그래서 존재의 잠재력을 실현하기 바쁘다면 노년 역시 막다른 길이 아니라 자기 양성의 최종 시간으로 보아야 할 것이다. 세월의 파괴력은 역동성을 제한하기는 하지만 아예 중지시키지는 못한다. 시간이 줄어드는 중에도 우리는 여전히 미래의 지평에서 성장해나간다. 언제라도 우리는 우리의 구원을 만드는—죽음의 선택까지 포함해서도—유일한 자다.

우리는 늘 인생 학교의 나이 든 학생으로 남을 수 있다. 스스로 배우려는 이 의지가 생생한 정신의 표시다. 새로운 앎은 무덤에 갈 때까지 계속되리라. 우리는 가르치는 즐거움과 배우는 즐거움을 다 누릴 수 있다. 우리는 수업을 하기도 하고 받기도 하며, 설명하는 입이자 질문하는 입으로서 완벽한 상호성을 이룬다. 우리는 아직 다시 한번 세상에 우리를 내놓고 배움에 몰두할 시간이 있다. 어쩌면 우리는 이미 완성됐겠지만 그래도 여전히 불완전하다. 진짜 삶은 없다. '진짜' 삶은 없고 단지 아직도 탐색할 수 있고 흥미로워 보이는 길들이 있을 뿐이다.

우리는 우리가 가고 싶지 않은 길을 걷는 앞세대를 보며 두려워한다. 앞선 자들은 우리가 장차 어떻게 될지 몸소 보여주었다. 반쯤 기계인 존재, 사이보그라고 해야 할까. 50세가 넘으면 다들 정도의 차이는 있지만 안경, 보청기, 심장 박동 조절 장치, 판막, 임플란트, 다양한 종류의 전자칩을 달고 산다.

우리의 개인주의 사회에는 적어도 두 가지 모델이 있으니 각자 뜻에 맞는 대로 교배시킬 수 있다. 나이 든 장난꾸러기 역할 혹은 신탁을 전하는 현자 역할이다. 유치함과 엄숙함 사이에서 왔다 갔다 하는 것이다. 욕망을 가두지 않고 60세 넘어 어릴 적 꿈을 되찾든가, 게임이 끝났다 생각하고 뒷방으로 물러나 늙은이들끼리 카드나 치고 소일하든가.

은퇴자 중에도 건강 보조제로 자기 몸을 챙기는 등 젊은이보다 더 질병에 강한 사람들이 있다. 대체로 중산층 이상에 해당하는 이들은 이전 세대 같으면 병석에서 골골댈 나이에도 여전히 거뜬한 신체로 팔팔하게 살아가고 싶어 한다. 다른 한편, 체념한 채 그저 조용히 살고 싶어 하는 은퇴자들도 있다. 정신과 마음의 혼란은 언제라도 남녀 상관없이 덮칠 수 있다. 비아그라와 여성 호르몬 치료의 등장은 강건한 60대들에게 도취를 선사했다. 성욕의 부재에서 비롯된 평화는 깨졌고, 여성들은 때때로 더 불리한 처지에 놓였다. '혼후 순결'을 깨고 다시 성생활에 돌입했다가 결국 아내와 갈라서게 된 남편이 얼마나 많은가? 68혁명 세대는 기적의 알약을 두 알 받았으니 하나는 피임약이고 다른 하나는 혈관확장제(발기부전제)다.

머리가 하얗게 센 세대가 마지막으로 한 번 더 주사위를 굴리고, 운동과 여행과 노동과 육체적 향락에 뛰어들려고 욕심을 부리는 까닭은 개인의 시간 계획이 달라졌기 때문이다. 유럽 여성의 평균 초산 연령은 30세에 육박하고 '완경'은 장차 60세 이후가 될 수도 있을 것이다. 감격스러운 전망인가? 그럴지도 모른다. 하지만 노인들이 주책맞게 뭔가를 시도하고 계속 일하려고 욕심을 부린다는 비난은 그들에게 미리 사망을 선고하고, 나아가 언젠가 노인이 될 자기 자신에게도 미리 사망을 선고하는 짓이다. 시간의 순서를 무시하고 운명에 코웃음 치며 잠시만이라도 도취, 감각, 만남에 푹 빠지는 것보다 아름다운 일이 있을까? 생은 지속하는 불확실성이다. 생은 지속하는 동안만 우리가 살아 있음을 보장한다.

우리는 끊임없이 '약속'과 '예정' 사이를, '활기'와 '엔트로피' 사이를 오간다. 태어난다는 것은 우리가 알지 못하는 미래를 약속받는 것이다. 하지만 많이 뽑을수록 색이 흐려지는 복

사물처럼, 우리 몸의 세포는 교체를 거듭할수록 회복 능력이 떨어져 우리는 결국 죽고 말 것이다. 약속이 예정보다 우세한 동안은 우리도 끄떡없다. 물론, 우리는 태어나게 해달라고 부탁한 적이 없다. 그렇지만 나이를 먹는 동안 그 선물은 권리로 변하고, 우리는 최대한 오래 존재를 유지하고자 한다. "술을 마시고 술지게미까지 들이켜는 것이 진짜 술꾼이다. (…) 삶은 못 견딜 건 아니지만 잉여에 불과하다."[11] 세네카가 남긴 이 단상은 에밀 시오랑을 연상시킨다. 그러나 존재의 피로가 어릴 때부터 우리를 덮칠 수 있다 해도, 마지막 한 바퀴까지 완주하는 자세에는 대단한 면이 있다.

그리하여 운명과 세월을 거스르는 가짜 어른들, 늙수그레한 학생들의 한 세대가 등장했다. 그들은 성숙기를 건너뛰고 사춘기에서 노년기로 바로 넘어가는 것 같다. 늙어버리기 전까지는 젊음에 머문다는 얘기다. 영원회귀가 아니라 새로운 출발, 초심으로의 회귀만이 우리의 문화적 풍토에서 유일하게 가능한 영원이다. 이제 천국의 약속은 흐릿해졌다. 그리스도교의 고전적 삼위일체인 지옥, 연옥, 천국은 지상에 내려와 우리의 세속적 삶 속에 배분되었다. 이제 시기별로 나뉘고 구분될 뿐, 저세상은 여기 이 삶에 있다.

한 인간의 생애에는 여러 가지 삶이 있고 그 삶들은 다닥다

닥 붙어 있지만 서로 비슷하지 않다. 그 삶들이 한데 모여 연속성을 띠고, 운명이라는 모양새로 쌓이고 겹친다. 우리는 과오를 저지르고는 만회하고, 또 다른 과오와 실패를 거듭하면서 멋지게 완주하리라. 60세 이후의 아름다운 삶에 대한 모델이 별로 없기 때문에 각자가 그 삶을 만들어가야 한다.

우리는 피터 팬처럼 어른이 되기 싫은 어린이, 늙기 싫은 늙은이다.[12] 우리는 혈기 어린 탈선을 하며 생물 시계를 거꾸로 돌린다. 젊은이들은 20세부터 동거를 하지만 머리가 희끗희끗해진 부모들은 가벼운 연애를 즐긴다. 나이를 먹는다고 철이 들지는 않는다. 늦바람이 죽을 때까지 갈 수도 있다. 중년 이후의 주책맞은 애정행각이 우습거나 추접스러워 보일 수도 있다. 하지만 서서히 무덤이나 소독약 냄새 나는 병원으로 들어가는 것보다는 낫지 않은가? 관습에 도전하는 것보다 짜릿한 게 있을까?

관건은 이것이다. 이 새로운 시기는 또 다른 모습의 성숙기인가, 기력을 잃기 전 마지막으로 작열하는 사춘기인가? 아마그 두 상태가 긴장을 빚어낼 것이요, 필시 분열이 있으리라. 한편에는 나이를 먹으니 자연, 공부, 침묵, 명상, 관조가 점점 더 편해진다는 이점이 있다. 다른 한편에는 모든 종류의 쾌락에 여전한애착, 혹은 다시 한번 불타오르는 애착이 있다. 55~60세에 인생을 다시 산다는 것은 16세에 인생 첫발을 내딛는 것과는 다르다.

신세대 시니어들은 문화 전달의 수호자일까, "난봉으로 닳고 닳은 늙은 사티로스들"(장-자크 루소)일까? 흰 수염을 드리운 존귀한 선조일까, 도널드 트럼프처럼 70대에도 여전한 나르시시스트 악동일까? 열정은 여전히 번득이고 영혼과 마음은 불타오를 준비가 되어 있다. 정신적 나이, 삼성적 나이는 생물학적 나이와 일치하지 않는다. 노화를 늦출 방법은 욕망의 역동성 안에 머무는 것뿐이다. 양립 불가능한 것들을 화해시키자. 낭만주의와 느긋함을, 뻔뻔함과 주름살을, 백발과 기꺼운 감정의 폭풍을.

우리는 인간 조건의 불행을 해소할 수 없다. 단지 동굴 속에서 희미한 한 줄기 빛을 엿볼 뿐이다. "17세에는 진중하지 않다"고 랭보는 노래했다. 하지만 50세, 60세, 70세가 넘어도 겉보기에나 진중할 뿐 알맹이는 그렇지 않다. 나이에서 황폐한 장식을 벗겨내고 노년을 유머와 멋으로 갈아엎어야 한다. 한계는 밀어내기 위해 존재한다. 생은 어떤 단계에서든 불가역성에 반발할 수 있다. 심연으로 가라앉기 전까지는, 언제라도 그럴 수 있다.

"넌 하나도 안 변했다!"라는 말은 조심스러운 확인 요청이다. 30대가 됐든 60대가 됐든 우리는 상대가 듣기 좋은 말을 해주기를, 우리가 표준시간대에서 잘 버티고 있다고 확인해주기를 원한다. 오랜만에 옛 친구를 만나면, 목격자가 유리창 너머로 범인 얼굴을 확인할 때처럼 안면 인식 프로세스가 작동한다. 뇌는 재빠르게 계산을 수행하면서 상대의 이목구비를 뜯어보고 기억을 되살려낸다. 옛날 얼굴에서 현재의 얼굴을 추출하고 두 시기를 소환해 서로 비교해본다. "아니, 날 모르겠어? 나야, 나!" 상대는 눈을 부릅뜨고 항변하며 빨리 대조 작업을 완수하라고 애원한다. 얼굴은 우리가 다른 사람들과 공유하는 것이다. 그래서 돌이킬 수 없는 손상이 있지 않은 이상, 얼굴은 좀체 잊히지 않는다.

"네 나이로 안 보여." 이 말은 자연의 압제 앞에서도 굽히지 않았다, 관성을 잘 피해가고 있다는 뜻이다. 길모퉁이에서 우연히 만난 내 또래 사람이 아버지나 할아버지를 더 닮은 것처럼 보일 때면 어이가 없고 화가 치민다. 저 늙다리가 어떻게 내 또래일수 있어!

시간이라는 위대한 파괴자는 이목구비를 가차 없이 비틀고 찌그러뜨리고 느슨하게 풀어놓곤 한다. 시간은 얼굴에 돋보기를 갖다 붙여 결점을 확대하고, 생김새를 변형시키고, 피부를 구기고, 반점을 흩뿌려놓고, 머리를 빠지게 하고, 광대뼈를 넙데데하게 하고, 코와 귀를 늘어지게 하는 흉측한 모핑 기법의 대가다. 사람의 얼굴은 여러 시대가 겹치는 양피지다. 옛날에 친했던 사람은 오랜만에 만나도 어릴 적 호탕한 웃음과 풍성했던 머리칼의 잔해가 눈에 들어온다. 심각한 표정으로 우리를 분석하는 조사관들이 주위에 얼마나 많은가. 그들은 우리의 겉모습에 자백을 강요한다.

그러므로 "넌 하나도 안 변했다"는 말은 이런 뜻이다. 너는 우리 옛 세계의 목격자야. 너는 우리가 예전에 그 활기를 공유했다는 사실의 증인이고, 나는 그 시절이 그리워. 노년은 우리와 비슷하지만 우리가 아닌 모습을 억지로 떠넘기지. 이제 매일 아침 거울 속에서 우리를 바라보는 그 사람을 알아보지도 못하겠어. 우리는 그 사람에게 묻지. 넌 누구냐? 나에게 뭘 원하는 거야? 나이는 예고 없이 우리를 덮치고, 우리가 아닌 또 다른 자아가 우리에게서 태어나게 한다. 게오르크 헤겔은 그런 게 운명이라고 했다. 타자의 모습을 한 나 자신 말이다.

요람에서 무덤까지의 일생을 빨리 돌리기로 보여준 광고가 있었다. 아기의 배냇짓부터 해변에서 서로 손을 잡은 등 굽은 노부부까지. 죽음의 무도와 동화는 한데 섞여 있다. 한평생을 몇 분으로 압축해놓으니 무섭다. 인생의 단맛, 쓴맛을 겨우 음미하는가 싶었는데 어느덧 할아버지, 할머니가 되었다. 컴퍼스의 두 다리가 벌어지듯 순식간에.

루틴

시시한 일상이 우리를 구한다

삶이라는 이 눈부신 기적에
그대는 충분히 감탄하지 않는다.
― 앙드레 지드, 《지상의 양식》

—— 19세기 말 오스트리아-헝가리제국 시대, 트리에스테의 금리생활자이자 골수 애연가인 제노(이탈로 스베보가 쓴 《제노의 양심》의 주인공 — 옮긴이)는 기침과 가래에 이골이 난 나머지 건강에 집착한다. 그는 의사와 정신분석가를 만나고 치료소에서 전기요법까지 받으면서 담배를 끊으려 애쓴다. 하지만 다시 담배에 손을 대고 만다. "마지막으로 피우는 담배라고 생각하면 더 맛있다."[1] 제노는 마지막 한 개비에서 또 다른 마지막 한 개비로 넘어가기를 54년간 거듭하면서 우울하지만 재미있는 결론을 내린다. "내 인생은 이런저런 반복들이다."[2]

현대인에게 반복은 인기가 없다. 낭만주의와 정신분석의 탄생 이후 반복은 더 인기가 떨어졌다. 고전주의는 이상적 과거의 확실성을 기반으로 한다. 그러므로 모든 영역에서 완벽에 도달했던 고대인을 모방하기만 하면 됐다. 개혁은 그저 불편한 것이었고, 지적 재산권이 존재하지 않았으니 표절이라는 개념도 없었다. 오히려 콩트, 이야기, 우화의 샘을 모두에게 열어놓고 콜라주와 몽타주를 적극 활용했다. 장 드 라 퐁텐은 끊임없이 기원전 7세기의 노예 이솝의 이야기를 다시 썼고, 요한 제바스티안 바흐는 거리낌 없이 비발디의 바이올린 협주곡을 끌어다가 하프시코드 협주곡으로 재편했다.

좋은 글, 좋은 음악은 옛 문헌과 악보에 넘쳐나니 거기에 아주 약간의 우아한 변형이나 언급만 더하면 작품이 되기에 충분했다. 모작과 위작은 처벌받기는커녕 권장되었다. 기존의 모방 작품을 바탕으로 한 재창조는 충분히 인정받았다. 고대인의 이름을 빌려 새로운 메시지를 전파하기 위해서 '위경僞經'이라는 수법[3]을 쓰기도 했다(얀 포토츠키가 1810년에《사라고사에서 발견된 원고》에서 쓴 수법이다. 그 밖에도 많은 저자가 검열을 우려하여 비슷한 전략을 취한 바 있다). 신실한 그리스도인은 15세기부터 여러 차례 다시 쓰인 작자 미상의 책《그리스도를 본받아》에서 제시한 대로 살아가며 영혼을 정화하고 구원을 얻어야 했다.

한편, 프랑스대혁명이 낳은 문제아인 낭만주의는 개인적 창조의 결실, 독창성을 높이 샀다. 시인, 음악가, 화가, 극작가는 관습을 뒤엎고 화석화된 전통을 부수고 굉음과 위반을 통해서 창조해야 했다. 예술가들은 "미지의 밑바닥에서 새로운 것을 발견하는"(샤를 보들레르) 것처럼, 계산속이나 장삿속에 찌든 부르주아의 비루함을 피해야만 했다. 귀족 계급과 무산 계급 모두 역겨워했던 탐욕스러운 부르주아는 보헤미안들의 눈에 특히 존재론적으로 비천해 보였다. 부르주아의 정신은 물질적 부에 대한 욕망에 사로잡혀 있으므로, 그의 삶은 이윤과 재산 불리기만을 위해 조직적이고 좀스럽게 작동한다. 따라서 반항아나 창작자는 이 쩨쩨함을 멀리하고 권태에 빠지지 않도록 격랑, 혈기, 위대한 것을 추구해야 했다.

낭만주의 그리고 순응에 대한 혐오는 두 가지 결과를 낳았다. 첫째, 불멸의 꿈이 후세에 이름을 남기는 꿈, 저주받은 예술가가 뒤늦게 인정을 받는 꿈으로 대체되었다. '자기'가 온갖 미디어와 소셜네트워크에 가시적으로 떠다니는 에고로 확장된 지금은 이러한 꿈보다 당장의 유명세가 중요하다. 그리고 둘째, 규범을 파괴하는 주변인(이민자, 성소수자, 소수인종, 죄수, 범죄자 등)에 대한 예찬이 19세기에 처음 나타났다. 그 후로 일종의 세기말 철학이 자크 데리다, 질 들뢰즈, 펠릭스 가타리, 미셸 푸코의 덕을 입었다.

알다시피 그 사이 부르주아는 변했다. 부르주아도 보헤미안이 되었고, "낮에는 일해도 밤에는 질펀하게 놀기를"(대니얼 벨) 원하게 되었다. 좌파, 우파를 막론하고 문화적 모순 속에서 살아갈 위험이 있을지언정 사회적 지위와 풍속의 해방을 동시에 누리고 싶어 했다. 그래서 다국적 기업들은 프리드리히 니체의 말("너 자신이 되어라", "나를 죽이지 못하는 것은 나를 더 강하게 만든다" 등)을 인용해서 치열함의 철학이라고 할 만한 것을 설파했다. 니체가 광고 문구에 이토록 영감을 주는 존재가 되다니 참으로 희한한 반전이다. 초인의 찬미자는 특히 구매하는 것, 착용하는 것, 먹는 것으로 자기를 만드는 소비주의적 초인의 철학적 보증인이 되었다.

프로이트는 내담자가 연애나 사회생활에서 항상 똑같은 시나리오에 따라 실패를 거듭하게끔 이끄는 충동을 반복 강박에서 찾았다. 징후는 치유를 방해하고 트라우마를 드러내는 동시에 잡아두는 깊은 불안을 비추는 스크린이다. 어떤 강박관념은 우리를 고립시키고 쾌락을 맛보지 못하게 방해하지만, 적어도 더 큰 불안을 예방하는 효과가 있다. 그런 것들이 큰일을 예방하는 의식이 된다. 미지의 것에 여지를 남기느니 시름시름 말라 죽는 편이 낫다는 사람들도 있다.

그렇지만 습관은 찬양해야 한다. 습관은 우리의 행위에 입히는 옷, 우리를 구조화하는 집, 우리 일상의 정신적 소재다. 습관은 제2의 천성이 된 기질로서 심리적 낭비를 크게 막아 준다. 우리는 늘 습관의 피조물일 수밖에 없다. 신념보다 더 뿌리 뽑기 힘든 게 습관이다. 전위파들은 규칙성은 죽음이라고 외쳤다. 하지만 그런 주장은 규칙성이 운명의 존재론적 기반이요, 생존의 조건을 형성한다는 사실을 망각했다. 규칙성을 폐기하고 예측 불가능성과 영원한 창의성을 떠받들면 끔찍한 진부함은 없을지 모르겠으나 생활 자체가 불가능해진다.

"죽이는 시간 없이 살아라, 속박 없이 즐겨라"라는 상황주의자들(1950년대 후반~1970년대 초반, '일상의 비일상화'를 외치면서 유럽에서 일어났던 예술 운동의 주창자들 ― 옮긴이)의 상업적 슬로건은 치열함을 또 다른 빡빡한 일상으로 둔갑시킬 위험이 있다. 삶이 꽁꽁 얼어붙은 시냇물처럼, 보톡스를 잔뜩 맞은 얼굴처럼 굳어지면, 새로운 파트너, 새로운 직업, 새로운 나라를 꿈꾸고 싶어진다. 하지만 커다란 변화에 대한 환상은 주로 자기 삶의 조건을 견디기 위한 수단이다. 그런 환상이 오히려 현 상태를 강화한다. 불평할수록 그 상태에서 잘 버틴다. 우리는 아무것도 바꾸지 않기 위해서 불평하는 것이다.

우리는 어릴 때부터 나름의 전통을 만든다. 루틴은 역사 없는 존재들이 우발적으로 빚어낸 것이 아니라 우리를 바로 세우는 뼈대다. 이 자동적 행위들의 집합이 우리를 구성하는 동시에 억압한다. 삶은 우리도 모르게 우리를 옥죄기도 하고 떠받치기도 하는 보이지 않는 실에 매달려 있다. 언젠가는 그 실이 하나하나 끊어진다.

"움직이지 않는다고 해서 모두 휴식 중인 것은 아니다"라고 아리스토텔레스는 말했다. 어떤 사건이 잿빛 일상에서 확 떠오르려면 백색의 시간, 별일 없이 살아가는 중립의 지속이 필요하다. 허를 찌르는 순간은 거의 항상 자잘한 소음을 배경으로 삼는다. 단조로운 일상이 없으면 전격적인 변화도 가능하지 않다. 우리 일상의 선율은 일종의 통주저음通奏低音이다. 그 통주저음을 배경 삼아 이따금 가슴 떨리는 아리아가 연주된다.

시시한 것의 찬란함

50세가 넘으면 근본적인 질문이 떠오른다. 무엇이 우리를 살게 하는가? 무엇이 아침마다 우리를 침대에서 일으켜 세상사에 다시 매진하게 하는가? 20세 때는 있는 힘껏 미래를 열고 싶다. 뭔가 놀랍고 대단한 일을 해내고 싶다. 이때는 기계적인 삶이 혐오스럽고 어떻게든 몰두할 수 있는 일에 열광하고 싶다. 전체주의 국가는 국민을 공포와 전쟁에 몰아넣음으로써 열광의 유토피아를 가장 급진적인 형태로 실현한다. 청소년기에는 현 상태를 파괴하려는 의지, "지상의 삶의 하찮은 조건들과"(앙드레 브르통) 타협하지 않겠다는 기개가 둑을 부숴버릴 정도의 욕망으로 나타나기도 한다. 그런 충동을 어찌 모르겠는가?

일부 예외가 있긴 하지만 우리 삶은 소설이 아니요, 늘 그날이 그날 같다. 일상에는 기억할 만한 일화가 별로 없다. 매일매일 거의 아무 일도 일어나지 않는다. 우리 삶에는 사건이 점점 빈곤해진다. 뭐 새로운 것 없나? 이 물음에는 늘 똑같은 대답이 튀어나온다. 별일 없이 사는 거지, 뭐.

그런데 인간은 일화 형식의 일상을 소재 삼아, 그 소재가 아무리 하찮을지라도 자기 자신에게 이야기하기 위해 살아간다.

평범함의 과제는 폭풍 같지 않은 폭풍의 일상 속에서 방향을 잃지 않고 나아가는 것이다. 그렇게 시시해 보이는 폭풍이 계속 이어지면 가장 강인한 마음도 무너뜨릴 수 있다.

이런 면에서 1977년에 세르주 두보로브스키가 창안한 오토픽션autofiction은 자서전에 속하는 한 장르이자 밋밋한 일상에서 이야기를 끌어내려는 시도로 볼 수 있다. 오토픽션은 실제 경험을 이야기하지 않는다. 저자는 자신을 이해하기 위해서, 살아 있음을 납득하기 위해서 글을 쓴다. 사소할지라도 과시하기 위해 스스로 무대에 오르고, 운명이 어떤 모양새로든 드러내는 끝없는 풍부함에 취한다.

일기는 평범한 형제라는 가상의 독자를 만들어낸다. 그 독자는 저자가 매우 사소하지만 소중한 수확을 쟁이는 모습을 보면서 즐거워한다. 이로써 모험의 부재를 공유하면서 즐거워하는 작가와 독자라는 운명공동체가 만들어진다. 그들에게 사건의 빈곤은 풍요인 줄 모르는 풍요다. 스쳐 지나가는 시간, 희미한 기쁨조차도 어찌나 다채롭고 풍부한지 똑같은 시간, 똑같은 기쁨은 결코 없다. 하루 동안의 시간에도 오만 가지 가능성이 꿈틀거린다. 광맥에 묻혀 있는 다이아몬드를 캐내듯 그 가능성을 다시 발굴해야 할 것이다.

운명이 빈약할수록 픽션은 건실해진다. 픽션이 한없이 작은 것을 파고들 때, 보일 듯 말 듯한 뉘앙스를 잡아낼 때, 지나칠 수도 있는 것을 비극의 반열에 올려놓을 때는 실로 그렇다. 성장이란 모든 것에서 찬란함을 재발견하는 것이다. 썰물의 나날에도 미세한 격랑은 일어난다. 정말 아무것도 아닌 일에도 서사 구조는 있다. 그게 바로 소설적인 것이다. 픽션은 이야기라는 복된 짐을 진 욕망에서 나온다.

나이가 어느 정도 들면 연속성이 새로움을 이긴다. 삶의 변화를 꿈꾸기보다는 이미 있는 좋은 것들과 오래오래 함께하고 싶다. 젊은 날에는 자기를 실현하라, 자기를 뛰어넘어라, 같은 말을 듣는다. 성숙은 자기를 지켜나가라고 말한다. 몽테뉴는 아우구스투스의 재상 가이우스 마이케나스를 인용하여 다음과 같이 말했다.

정 원하신다면 나의 한쪽 팔을 자르시든가
나를 앉은뱅이, 통풍 환자로 만들어보시구려.
그래도 나는 목숨만 붙어 있으면
행복할 거외다.

몽테뉴는 이렇게 결론을 내린다. "인간들은 비참과 잘 어울리기 때문에 아무리 가혹한 조건이라도 목숨만 유지할 수 있으면 용납한다."[4] 생을 시간의 지속으로 보면 과거는 현재를 내다본 역전된 예언 같고 현재는 확증된 회고 같다. 우리가 해온 대로 하기를 잘했다. 생의 끝없는 속삭임은 이제 우리가 약해 빠졌다는 증거가 아니라 자신감의 증거다.

과거를 바라보는 시각은 두 가지 클리셰에 빠지기 쉽다. 첫째, 옛날에는 대단한 일이 많았는데 지금은 흥미가 없다. 흔히 하는 말로 "옛날이 좋았지"라는 클리셰다. 둘째, 과거는 불완전한 시작이고 미래에 완성을 이룰 것이라는 클리셰다. 전자는 보수주의자의 생각이고 후자는 진보주의자의 생각이다. 개인적 차원에서 이러한 시각은 아름다운 어제를 그리워하는 노스탤지어 아니면 이상화된 미래로의 도피에 빠진다. 나이가 들면 이런 문제가 뒤집힐 수 있다. 다 이루어졌지만 아직 할 일, 다시 할 일이 남았다. 기존의 것을 알아보는 것도 새로운 탐색 못지않게 즐겁다. 동화에서처럼 놀라움보다 재발견이 좋다고 할까, 놀라움조차도 친숙함의 베일을 쓰기를 원한다고 할까.

우리는 줄거리를 알면서도 같은 기대, 같은 전율을 경험하고자 한다. 그런 것이 안심되는 반복의 위안이다. 좋아했던 목소리, 늘 선호하는 장르의 영화와 음악, 익숙한 얼굴, 모국어의 울림은 위안을 준다. 향마다 고유한 화학식이 있는 것처럼 우리는 어느 정도 나이가 들면 우리에게 가장 잘 맞기 때문에 더는 바꾸고 싶지 않은 공식을 찾아낸다. 우리는 여전히 왁자지껄한 법석에도 마음이 끌리지만 소중하게 지켜야 할 것, 여전히 바라도 되는 것, 욕심내서는 안 될 것을 예전보다 훨씬 더 잘 안다.

우리 삶은 소설이 아니요, 늘 그날이 그날 같다.

뭐 새로운 것 없나?

별일 없이 사는 거지, 뭐.

그런데 인간은 일화 형식의 일상을 소재 삼아,

자기 자신에게 이야기하기 위해 살아간다.

평범함의 과제는 폭풍 같지 않은 폭풍의 일상 속에서

방향을 잃지 않고 나아가는 것이다.

그렇게 시시해 보이는 폭풍이 계속 이어지면

가장 강인한 마음도 무너뜨릴 수 있다.

우리는 매일 죽고 다시 태어난다

　하루하루가 완전한 인간 극장이다. 하루는 삶을 잘라내 보여주는 상징체계다. 눈부신 새벽, 의기양양한 정오, 수고로운 오후, 차분한 황혼을 보라. 잠에서 깨어나는 것은 일상의 죽음에서 벗어나는 작은 부활이다. 아침마다 우리는 정신을 차리고 밤이 앗아간 기운을 돌려받는다. 우리가 원하든 원치 않든, 자연은 여전히 우리 삶의 리듬을 구획 짓는다. 날씨가 화창하고 흐리고에 따라서 기분이 널뛰는 것처럼 말이다. 이런 식으로 대우주와 우리 인간이라는 소우주는 연결된다.

　신체를 전체적으로 감싸는 날씨는 부분적으로 우리의 기쁨과 번민을 좌우한다. 빛은 우리를 경쾌한 기운으로 채우고 구름이 잔뜩 낀 하늘은 개인적 징벌처럼 우리를 짓누른다. 해는 매일 아침 선물을 한아름 안고 떠오른다. 새하얀 눈밭에 발자국을 찍으면 세상에 첫걸음을 떼는 기분이 든다. 눈을 감고 잠들면 새로운 존재로 다시 태어날 수 있다. 새벽이 눈부신 빛으로 솟아오르려면 어둠이 필요하다. 힘든 날들은 지나간다. 우리는 1년에 365번이나 그런 날을 훌훌 털어버릴 수 있다.

　사랑과 시간에 대한 놀라운 우화 〈사랑의 블랙홀〉과는 달리, 우리의 24시간은 매일 똑같이 반복되지 않는다. 어떤 날은 한 주를 통과하는 과정일 뿐이고, 또 어떤 날은 얼른 도망치고 싶은 감옥 같고, 어떤 날은 만물의 아름다움을 향해 활짝 열린 창처럼 눈부시다.

잠은 이런 면에서 망각과 소생의 놀라운 상징이다. 잠은 우리에게 다시 태어난 느낌을 준다. 푹 쉬고 난 뒤 세상을 바라볼 때 드는 그런 기분은 착각이지만 좋은 자극이다. 허물을 벗는 뱀처럼, 옛 모습을 버리고 어둠에서 빠져나와 모든 일이 다시 가능하리라 느끼는 것은 기적이다. 밤의 피조물들은 흩어지고 허깨비로 돌아간다. 떠오르는 새벽의 은근한 취기, 새들의 지저귐에 우리는 얼떨떨하다. 어제의 낡은 나를 벗고 새로운 나를 만든다. 아침의 아름다움이란 그런 것, 세상과 다시 맺은 결합의 아름다움이다. 이 아름다움이 우리가 일상으로 돌아가는 데 필요한 여권이다. 침대에서 일어나고, 샤워를 하고, 커피나 차를 마시는 이 단순한 몸짓들이 사물과 내밀한 연대를 맺고 우리를 다시 세상으로 내보낸다.

가끔 정신 나간 사람들이 잠은 시간 낭비라고, 잠이 없으면 좋겠다고 한다. 하지만 그랬다가는 경계를 흐트러뜨리는 꿈의 힘이 죽고, 우리 몸은 생물학적 주기에서 벗어날 것이며, 갈마듦의 환상은 희미해질 것이다. 프랑스 낭만파 작가 스탈 부인은 책과 사상에 대한 관심이 남달랐지만 죽기 전 몇 주 동안 계속 잠을 자지 못하자 이렇게 신음했다. "잠이 없는 삶은 너무 길다. 24시간을 때우기는 너무 지루하다."[5] 그러므로 단 하루가 매일매일이고 새벽부터 석양까지 단 하루가 한평생이다. 니체는 우리가 영웅처럼 매일 저녁 황혼에 죽고 이튿날 다시 나타난다고 했다.

좋은 것들의 영원회귀, 이를테면 삼시 세끼라는 기본적인 문화는 그 자체로 즐거움의 원천이다. 시간은 짓밟는 자이자 스스로 폐기되는 자처럼 보인다. 토마스 만은 《마의 산》에서 다보스 요양원을 이렇게 떠올린다. "똑같은 날이 끊임없이 반복되지만 하루하루 정말 똑같기 때문에 반복보다는 동일성, 부동의 현재 혹은 영원이라고 해야 할 것이다. 점심으로 가져다주는 수프는 어제와 똑같고 내일도 똑같을 것이다. 시간의 형식은 사라지고 눈앞에 존재의 진정한 모습처럼 드러나는 것은 영원히 누군가가 수프를 가져다주는 고착된 현재다." 한편, 소설가 폴 모랑은 이렇게 말했다. "유람선 여행에서 맨 먼저 바다에 떨어지는 것은 시간이다." 위대한 철학자 이마누엘 칸트는 동프로이센제국의 발트해 연안 도시 쾨니히스베르크에서 메트로놈처럼 정확한 일과에 맞춰 살았다. 그는 늘 새벽 5시에 일어나고 밤 10시에 잠자리에 들었으며, 매일 같은 길로 산책했다. 그가 산책을 빼먹은 일은 평생 딱 두 번뿐이었는데, 한 번은 1762

년에 루소의 《에밀》을 정신없이 읽느라 그랬고, 다른 한 번은 1789년에 프랑스에서 혁명이 일어났다는 소식을 들은 때였다.

세상의 흐름에서 제외된 듯 기만적인 안정을 제공하는 특별한 장소가 있다. 기숙사, 요양원, 군대, 수도원, 여객선 같은 곳이 그렇다. 그러한 환상은 이롭다. 오선지처럼 규칙적인 삶은 아무것도 변하지 않는 느낌을 준다. 그 빛나는 성에는 세상의 격랑이 미치지 못할 것 같은 기분이 든다. 질서와 기강은 스쳐 지나는 시간의 괴로움에서 우리를 구해주고, 권태마저도 안전의 다른 이름일 뿐이다. 일과에 복종함으로써 내적 시간의 흐름을 죽이다니, 기막힌 역설 아닌가. 시간을 죽이고 싶거든 일분일초도 어김없이 일과표대로 살아가라.

규칙은 사람을 안심시키고 방향을 잡아준다. 마음의 짐을 규칙에 내려놓고 놀라운 에너지를 끌어낸 사람들이 얼마나 많은가. 그들은 자기를 다잡고, 시간표를 세우고, 무엇을 하느냐에 상관없이 시간을 촘촘하게 나누었다. 하루, 한 주를 작은 단위로 반드시 나누어야만 했다. 또한 하루를 의례처럼 고정된 처방에 따라 시작해야만 했다. 청소, 책상 정리, 정해진 순서에 맞춰 옷 정리하기, 가벼운 체조 등등. 의식rituel은 일상의 기도다. 그런 식으로 월요일, 화요일, 수요일은 그날만의 고유한 색채를 잃고 동일한 재질의 표본들로만 남는다.

적어도 프랑스 사람은 모두 학사 일정에 따라 만성절, 크리스마스, 참회 화요일, 부활절을 기억하며 한 해를 살아가는 영원한 초등학생일 것이다. 1936년부터 프랑스의 휴일은 그리스도교 축일과 짝을 이루었고, 그 덕분에 프랑스인은 서로 연결되어 여러 세대를 아우르는 공통의 상상계를 이루었다. 미국인, 일본인, 중국인에게는 노동이 중심이지만, 휴일은 프랑스의 민족 신화다. 반대로 과로는 노화의 징후로 간주된다. 과로는 시간을 투입해 시간을 만회하려는 의지다. 할 일을 쌓아놓고 벼락치기로 처리하는 것이기도 하다. 나른하고 느긋하게 시간을 보낼 수 있는 능력, 이 무심한 한가로움이야말로 아직 살 날이 창창한 젊음의 특권이다. 그것이 젊음의 재능이자 경박함이다.

반복, 데자뷔의 가면을 쓴 새로움

시간은 우리를 질책하지만 우리에게 환상을 제공할 때는 보상이 될 수 있다. 매일 아침 새 삶을 시작한다는, 말은 안 되지만 꼭 필요한 환상 말이다. 시간은 우리를 끝으로 인도하는 카운트다운인 동시에 지치지 말고 다시 시작하라는 신성한 허락이다. 반복은 불모성과 생산성이라는 양가적 힘을 지녔다. 반복은 고갈시키는 동시에 변화시킨다. 반복은 시간의 지속 안에서 버티고 나아가기 위한 최소한의 조건이다. 그래서 우리 안의 두 가지 시간성, 즉 직선적으로 흐르는 시간성과 주기적으로 순환하는 시간성은 반복을 통하여 조화를 이루고 관성에 빠진 듯 보이면서도 전진하는 느낌을 준다.

우리는 전에 들었던 얘기를 또 듣기 싫어하지만 인생은 그러라고 있는 거다. 운동이나 예술 활동의 반복 훈련, 복습, 연극의 재연, 도산 위기에 처한 기업이나 국가의 재건, 잊고 있던 고전의 재독, 재혼, 친구와의 재회, 과거에 했던 일의 반복이다 그렇지 않은가. 쇠렌 키르케고르는 재개가 "전진적인 재-기억", "의식의 제2의 잠재태", 미래를 창조하는 긍정적 노스탤지어라고 했다. "생을 다시 살려면 한번 돌아봐야 하기 때문에" 새 출발은 묻혀 있던 적성을 발굴해내고 생각지도 못했던 가능성을 깨운다.[6] 달리 말하자면, 마치 나선 계단을 따라갈 때처럼 늘 제자리로 돌아오는 기분이 들지만 결코 같은 자리를 두 번 지나는 것은 아니다.

새사람이 될 수 있다는 믿음은 환상이지만 다시 꽃을 피울 수 없다는 절망이 더 심각한 환상이다. 생은 판에 박힌 되풀이와 놀라움이라는 이중 구조를 취한다. 풍요로운 반복은 우리를 불모의 장광설로부터 보호해준다. 데지뷔의 가면을 쓰고 새로운 것을 만들어내는 반복은 기쁨의 원천이다. 그러한 반복은 관습을 폭파하고 날려버린다. 거짓된 친숙함은 규칙을 존중한다는 구실로 괴상한 것을 만들어낸다. 하지만 반복 자체는 복합적인 체제다. 어떤 이들은 반복에 지치지만 어떤 이들은 세상의 폐해에서 보호받을 수 있는 도피처를 제공받음으로써 안심한다. 완전히 예측 가능한 삶이 터덜터덜 돌아가는 소리에는 최면적인 데가 있다.

음악의 예를 보라. 장켈레비치와 클레망 로세가 분석했듯이 모리스 라벨의 〈볼레로〉에서는 동일 주제의 영원회귀가 기쁨과 비극성을 함께 자아내며 '정체된 전진'이라는 역설을 이룬다. 고집스러운 반복은 즐겁게 마음을 안심시킨다. 상투적인 문구가 되레 혁신적이다. 위대한 첼리스트 파블로 카잘스는 96세까지 똑같은 바흐의 곡을 매일 연주했지만 늘 새로운 환

희를 느꼈다고 한다.[7]

동양은 되새김질함으로써, 같은 주제를 지치지 않고 반복함으로써 놀라운 예술적 모티프를 만들었다. 되풀이라고 해서 완전히 똑같을 수는 없고 늘 살짝 달라지는 부분이 있기 마련이다. 가령 이집트 가수 움 쿨숨의 끝없이 이어지는 구슬픈 노래는, 서양인의 귀에는 다 똑같이 들리지만 주의 깊은 사람만 알아차릴 수 있는 미세한 성량이나 성조의 차이를 다양하게 담아낸다. 정해진 흐름을 따르되 한 음을 한없이 끌거나 전조轉調하는 인도 음악도 마찬가지다. 선율이 거의 없기 때문에 섬세한 감각들이 열리고 순수한 음향의 풍부함이 느껴진다. 이 미세한 변동을 알아차리려면 전과는 다른 방식으로 들어야 한다.

교육의 목표도 다르지 않다. 귀에 못이 박이도록 되풀이하면 배우게 된다. 강조와 반복은 끔찍이도 지루하지만 어려움을 극복하고 무언가를 배우려면 그 방법밖에 없다는 것을 우리도 잘 알지 않는가. 업으로 하는 일은 결국 익히게 된다. 철학, 과학, 정치, 경제에서도 당장 이해되지 않거나 선뜻 받아들여지지 않았던 이념을 끊임없이 곱씹어야 한다. 예술가, 지도자, 연구자에게 반복은 부족함이 아니라 뚝심의 표시다. 동일한 주제로 끝없이 돌아가야만, 같은 자리를 계속 파고 들어가야만 위대한 발견이 나올 수 있다. 끈기는 의지의 교리이다. 그렇지만 고집도 있기는 하다. 한때 반체제 성향이 있던 이들이 나이가 들면 갱년기 극좌화에 빠져 자신은 조금도 늙지 않았다고 착각한 채 젊은 날의 마오주의, 트로츠키주의 표어를 비판없이 다시 내건다. 그들은 어리석은 고집을 충성이라고 부른다.

반복은 군더더기를 바탕으로 변화를 만든다. 시계추나 크로노그래프chronograph를 보라. 이런 사물은 한 바퀴를 돌아서 규칙성을 만들어내는 "영원의 운동 이미지"[8](플라톤)를 갖는다. 시곗바늘은 분과 초의 섬세한 레이스를 따라 쳇바퀴 속 다람쥐처럼 끊임없이 제자리에서 돈다. 그래서 아무것도 변하지 않는 듯이 느껴지지만 그동안에도 시간은 가차 없이 흐르고 그날 하루는 자정이면 사라질 것이다. "엄청나게 움직이면서 아무데도 가지 않으려면? 제자리에서 뱅뱅 돌면 된다."[9]

시계는 시간과 영원이 만나는 기하학적 장소로서 합의된 기만이라는 특성을 띤다. 모래시계와 달리 완벽한 원형을 이루는 회중시계는 인정사정없이 돌아간다. 시계는 아무것도 변하지 않고 모든 것이 별일 없이 되풀이되는 인상을 준다. 시곗바늘은 과거와 미래를 껴안고 돌아가면서도 멈춰 있는 듯한 거짓 인상을 풍긴다. 원이 면적을 속인다. 니체가 말하는 영원회귀는 이런 것이 아니다. 그는 "존재의 집"이 동일성과 영원성으로 매년 새로 지어진다고 했다. 반복은 오히려 새롭게 여는 되새김질, 뭔가를 만들어내는 되풀이다.

호르헤 루이스 보르헤스의 천재적이고도 도발적인 단편소설 〈피에르 메나르, 《돈키호테》의 저자〉에서 피에르 메나르라는 인물은 20세기 초에 미겔 데 세르반테스의 《돈키호테》 몇 페이지를 토씨 하나 다르지 않게 베껴 썼지만 완전히 새로운 텍스트를 생산한 셈이 되었다. 텍스트는 그 사이에 흐른 수 세기의 시간에 힘입어 더욱 풍부해지고 원본보다 더 독창적인 것이 되었다.[10] 그래서 두 텍스트는 겉보기에 똑같지만 완전히 다르다. 동일자는 가면을 쓴 타자일 뿐이요, 유사한 것들은 사실 닮지 않았다.

보르헤스의 궤변은 현기증이 난다. 그는 지적 고유성과 표절 개념을 나란히 두었다. 그를 따라가다 보면 현대의 작가가 서양의 위대한 고전을 토씨 하나 다르지 않게 베껴 써도 표절 소리를 듣지 않을 것만 같다. 베끼기는 재-창조, 어쩌면 원본보다 우수하다고 봐야 할지도 모른다. 그렇게 본다면 복제도 놀라운 진보일 것이다. 반복, 베끼기도 완전히 다른 것일 수 있다.

황혼은 새벽을 닮아야 한다

모든 것을 보고 겪었다고 생각하는데도 아직 할 일이 남아 있을까? 이제 시간은 우리가 원하는 만큼 다시 시작하기를 허하였으니 언제고 처음부터 다시 하면 된다. 신이시여, 감사합니다. 생은 계속된다. 섬뜩할 만큼 단순한 이 문장이 행복하게 오래 사는 비결일 것이다. 진짜 삶은 영웅적이거나 기상천외하지 않다. 삶은 아주 세속적이고, 별나지 않은 일상 속에서 욕구를 느끼거나 해소하는 식으로 흘러간다.

로맹 가리의 작중인물이 한 말을 인용하자면 오늘의 우리는 "작은 것들로 이루어져 있다." 그러므로 일단 버텨야 한다. 느려지지 않도록, 지워지지 않도록, 무너지지 않도록. 앞으로 수십 년은 끄떡없을 것처럼, 계속 예측하고 미래에 자신을 투사해야 한다. "나는 내가 부서지도록 달린다. 내가 멈추는 그곳이 나의 파멸이다." 이탈리아 철학자 노르베르토 보비오가 한 말이다.

산다는 것은 스스로 운명을 만들기 위해 우연을 선택으로 바꾸는 일이다. 그러나 운명은 끝까지 유연하게 잘 구부러져야 한다. 시간은 아마도 우리를 차츰 약하게 하고, 우리에게 똑같은 요리를 다시 대접할 것이다. 이건 희소식이다. 어떤 바퀴가 우리를 돌이킬 수 없을 만큼 깔아뭉개지 않으니 한번 실수했더라도 다시 나오는 갈림길이나 교차로에서 바로잡으면 된다. 아무것도 포기하지 않고 두 번째, 세 번째, 네 번째 기회라도 잡은 사람이 옳다. 부활은 이승에서 일어난다. 우리는 끊임없이 죽고 다시 살아난다. 프랑스 철학자 장-베르트랑 퐁탈리스가 절묘하게 표현했듯이 "끊임없이 태어날 수 있으면 좋겠다."

헨리 데이비드 소로는 단단하고 두꺼운 나무 탁자에 갇혀 있던 곤충의 알이 오랜 세월이 지난 후 찻주전자의 온기에 애벌레로 깨어난 일화를 들려준다.[11] 우리의 재생이 그런 곤충보다 더 신기할 것도 없다. 우리는 끝까지 다듬어지는 상태에 있을 것이요, 불완전한 채로 떠날 것이다. 사랑하는 이와의 만남, 발견, 여행 이후에는 갑자기 젊어진 기분, 옛날식으로 말하자면 생마르탱의 여름이 찾아온다.[12] 하지만 삶에는 운명의 온갖 가능성을 품은 때늦은 재-출발도 있다.

영원한 새 출발을 기조로 삼은 나머지 새로운 시작의 신화가 생길 법한 국가라면 단연 미국이 아닐까. 미국은 각 세대가 이전 세대의 채무를 지우고 사회계약을 재정의함으로써 늘 새로운 기반에서 다시 시작한다.

우리는 늘 시험 삼아 살아본다. 삶은 무엇보다 일종의 실험이다. 삶은 목표를 향해 직선으로 쭉 나아가는 게 아니라 에둘렀다가 확 질러가고 똬리 속에 이전의 과정을 품는다. 우리는 이렇게 기간도 각기 다르고 치열함도 각기 다른 삶의 시기들을 거친다. 플라톤은 시작은 "신이고, 그 신이 인간 사이에 머무는 한 모든 것을 구한다"고 했다. 다시 하는 시작은 영혼이 굳어지거나 쇠잔하지 않도록 불어넣는 입김과 같다. 다시 시작할 수 있기에 등반가는 진이 다 빠졌는데도 조금 더 기운을 내고, 낙담한 연구자나 학생은 끝까지 노력을 기울이고, 투사는 불의에 맞서 싸우고, 기업인은 위기를 극복하는 것이다.

출생을 제외하면 인생에서 절대적 기원이라고 할 만한 것은 거의 없다. 하지만 재생, 엇나감, 미끄러짐은 무수히 많다.[13] 그런 것들이 우리의 통행증, 각자 탐색하고 헤매다가 다시 시작해도 된다는 허가증이다. 모든 실패는 새로운 시도의 도약대다. 행복한 삶은 불새와 비슷해서, 자기에게 맞서 일어나 주어진 바를 태우고 그 잔해에서 다시 태어나기를 거듭한다.

삶이 어느 시점부터 좀 더 예측 가능해진다고 해서 재미가 떨어지지는 않는다. 재발견도 첫 발견처럼 흥미롭고, 이미 겪은 감각이라고 해서 달라질 것은 없다. 청소년기에는 부모와 닮은 구석 없이 저 혼자 다시 태어나면 좋겠다고 생각하곤 한다. 황혼의 인디언 서머는 그런 의미에서 청소년기의 딜레마를 재연하는 면이 있다. 창조적인 신념, 만들어진 미덕, 수많은 가능성 앞에서의 어질어질한 망설임이 자기 안에서 되살아난다. 황혼은 새벽을 닮아야 한다. 비록 그 새벽이 새로운 날을 열어 주지 않을지라도 말이다.

백조의 노래인가, 아침놀인가

　모두의 영원한 의문은 이것이다. 흐르는 시간의 파괴성을 창조성으로 바꾸려면 어떻게 해야 하나? 회화나 문학 분야에서는 나이가 들어서야 비범한 솜씨를 보여주는 작가들이 더러 있다. 특히 위대한 예술가들은 만년에야 절정에 이르기도 한다. 랭보의 신화, 즉 어린 시인이 20세에 벌써 빛을 잃고 마는 경우가 아니라 세월에 따라 깊어지는 창작의 현실을 보라. 보들레르는 프란시스코 고야에게서 그 현실을 보았다. 고야는 자기 손으로 연필도 깎을 수 없을 만큼 시력이 나빠진 후에도 "매우 중요한 석판화, 기막힌 목판화, 대작들의 축소화를 남겼다. 위대한 예술가들을 지배하는 이 독특한 법칙의 새로운 증거가 아닌가. 삶에서는 나이가 들수록 지력이 쇠하지만 예술가들은 여기서 잃은 바를 저기서 얻는다는 법칙 말이다. 그들은 느릿한 젊음을 따라가면서 무덤 앞에 이를 때까지 더욱 강해지고 쾌활해지고 과감해진다."[14]

　니체는 베토벤의 음악이 "거듭 죽어가는 단말마의 늙은 영혼과 거듭 태어나는 아주 어린 영혼의 산물"이라고 했다. "그의 음악은 영원한 애도와 날개를 편 영원한 소망의 명암에 젖어 있다."[15] 백조가 죽기 전 한 번 부른다는 노래는 서곡이요,

결론인 동시에 서문이다. 예술가들이 말년에 간간이 내놓는 작품이 영감의 고갈을 드러내는지 샘솟는 창의성을 드러내는지 파악하기란 불가능하다. 미국의 사회학자 데이비드 리스먼도 이 현상에 주목했다. "어떤 사람들에게는 고유한 쇄신의 원천이 있다. 나이가 들면서 지혜가 깊어지는데도 자발성이나 삶을 즐기는 능력을 잃지 않는 것이다. (…) 이 사람들은 그들의 신체가 배신하지 않는 한은 자기를 쇄신하는 그 자질 덕분에 불멸을 누린다."[16]

생애 말년에 에밀 아자르로 다시 태어난 작가 로맹 가리가 떠오른다. 그는 한편으로는 비극적일 정도로 진지한 작가이고, 한편으로는 익살스럽고 웃기는 작가이다. 그는 작품세계를 완벽하게 구분하여 6년간 아홉 편의 작품을 발표하고, 이 사기극의 비밀을 죽을 때까지 유지했다. 대중의 무관심 속에 가라앉기를 두려워한 작가가 되살아난 예로는 완벽하다.[17]

노작가들은 최후의 작품에서 숨을 헐떡거리기보다는 이미 시대를 앞서간 데미우르고스(플라톤 철학에서 우주의 창시자를 의미—옮긴이)처럼 보인다. 그래서 주세페 베르디의 마지막 오페라 〈팔스타프〉는 완전한 유연함과 자유로움을 위해 벨칸토를 포기했다. 프랑수아-르네 드 샤토브리앙의 마지막 작품 《랑세의 삶La Vie de Rancé》을 소설가 쥘리앵 그라크는 이렇게 분석한다. "《랑세의 삶》의 언어는 신비로운 창끝을 미래에 찔러넣는다. 그의 메시지는 모르스 부호처럼 단속적이고 생뚱맞아서 급작스러운 서사가 마치 다른 행성에서 포착하기라도 한 것처럼 끊어진다. 장차 랭보가 깨어날 고장의 소식을 미리 더듬더듬 전하는 것처럼……."[18]

독일의 작곡가 볼프강 림은 "예술은 나이가 없다"고 했다. "나는 작곡을 할 때는 생물학적 시간을 거슬러 올라가기까지 한다. 나는 때때로 89세였다가 네 살이 되고 다시 53세였다가 26.5세가 되고 다시 73세가 되었다가 죽는다. 여기서 말하는 죽음은 일시적으로 예술의 클리셰에 영합해버린다는 뜻이다. 당연히 나는 결코 어른이 되지 않을 것이다. 그게 게임의 일부다."[19] 이렇듯 창작의 영역에서나 하찮은 일상에서나 서로 다른 시기들이 간섭을 일으키고, 왕복은 끊임없이 일어난다. 어린아이와 청소년은 웬만큼 나이가 들면 잠재력을 잃는다. 하지만 우리는 어느 선까지는 숟가락 구부리듯 시간을 마음대로 구부릴 수 있다.

토마스 만은 이렇게 말했다. "나이가 어느 정도 들면 자기 시대를 언짢게 여기는 것이 당연하다." 어떤 사람들은 살날이 줄어들수록 삶에 대한 혐오가 깊어진다. 감히 자기를 떠나려 하는 삶이 괘씸해서 밟아줘야 분이 풀린다. 그들은 어차피 물러날 사람들이니 인류의 모험은 끝났고 시대는 가증스러우며 후세는 어리석고 무식하다는 악담을 퍼붓는다.

우리는 아이들에게 어떤 세상을 물려주게 될까? 이 물음을 다들 한 번쯤 던져보았을 것이다. 프랑스의 문학가 젬 셍프랭은 이 물음에 "어떤 아이들을 내일의 세상에 남겨둘 것인가?"라고 받아친다. 노년은 으레 노망과 저주라는 이중의 함정에 빠진다. 트집쟁이, 투덜이, 꼰대가 우리 안에서 조금이라도 수가 틀어지면 당장 튀어나올 준비를 하고 있다. 몽테뉴는 이런 병을 "영혼의 주름"이라고 불렀다. "늙어가면서 시어지고 곰팡내 나지 않는 영혼은 없으며, 있다 해도 몹시 드물다."[20]

우리는 나이를 먹되 마음이 늙지 않게 지키고, 세상을 향한 욕구, 기쁨, 다음 세대에 대한 호기심을 유지해야 한다. 이런 면에서는 쇼펜하우어나 시오랑처럼 염세적인 사상가의 글에서도 새로운 힘을 얻을 수 있다. 생에 대한 그들의 열렬한 비판은 흡사 거꾸로 된 사랑 고백처럼 읽힌다. 괴팍한 노인은 즐거워할 이유를 찾지 못한다. 친구와 지인, 사시사철이 다 마음에 안 든다. 사회가 추하다고 보지만 정작 추한 것은 그의 눈이지, 그 눈이 바라보는 대상이 아니다. 그는 철학자 에드문트 후설이 "권태의 재"라고 부른 것을 뒤집어쓰고 있다. 노인들은 세상이 망할 것처럼 생각하곤 하는데, 그 이유는 자기들이 세상을 아쉽지 않게 떠나고 싶어서다. 하지만 세상은 그들보다 오래 남을 것이요, 젊은이들은 그들의 저주를 아랑곳하지 않으리라. 쇠퇴론은 개인 모두에게 주어진 팔자, 즉 노쇠와 죽음을 인류사에 적용한 것일 뿐이다.

노년은 특히 영적 나태의 시간이다. 그리스도교의 은둔 생활을 하는 고행자들도 이 병에 걸려 하나님을 향한 사랑에서 벗어났다. 그들은 법열에 빠지기는커녕 구원에 무관심해지고 우울해하다가 결국 은둔 생활을 접고 경박한 세상으로 돌아갔다. 하지만 노인에게는 세상으로 돌아갈 기력이 없다. 그는 자기 팔자를 이러지도 저러지도 못한 채 음울한 희열을 느낀다. 그의 영혼을 부식시키는 안개는 죽어야만 걷힐 것이다.

50세, 60세, 70세에도 우리가 살아가는 이유는 무엇인가? 20세, 30세, 40세 때와 똑같다. 삶은 자신을 소중히 여기는 자에게 달고 저주를 퍼붓는 자에게 매섭게 군다. 갑자기 태도가 달라지고, 어느 날 지옥에서 천국으로 옮겨갈 수 있다. 어느 나이에나 삶은 열의와 피로의 싸움이다. 인생사는 그저 부조리하고도 멋진 선물일 뿐, 아무 의미도 없다.

> 어딘지 모를 곳에서 와서
> 누구인지 모를 자로서 살며
> 언제인지 모를 때 죽고
> 어딘지 모를 곳으로 가는데도
> 나 이토록 즐거우니 놀랍지 않은가.
>
> —마르티누스 폰 비버라흐(16세기 독일의 성직자)

어느 세대나 자기가 이전 세대보다는 낫다는 생각으로 성년에 진입하고, 이전 세대를 경멸 혹은 분노의 시선으로 바라본다. 나이 든 부모와 선생 들은 거추장스러운 잔해 같다. 그 맹한 노인네들을 그냥 싹 치워버렸으면 좋겠다. 젊은이들은 당장 그들을 추월하고 싶어 안달이다. 어른들은 반대로 어린 것들을 아무리 가르쳐도 개념 하나 못 배워먹는 야생아 취급한다. 머리에 피도 안 마른 것들이 우릴 아예 지워버리려고 해. 벌써 우리랑 맞먹는단 말이지!

세대 중에도 결정적 세대와 중립적 세대가 있다. 프랑스에서는 제2차 세계대전 세대, 알제리 전쟁과 68혁명 세대, 반전체주의 세대가 어떤 식으로든 시대에 획을 그었다. 각 세대가 간직한 진실은 반박에 부딪힌다. 젊은이들은 지금의 문제가 전부 이전 세대 탓으로 보이니 나이 든 사람들을 다 치워버리고 싶을 만도 하다. 아니면, 이전 세대를 시샘하고 그들이 이상을 저버렸다고 비난할 수도 있다. "내가 레지스탕스 시대에 태어났더라면 좋았을 텐데." "내가 1970년대를 살면서 세상을 다시 건설할 수 있다면 이렇게는 안 만들걸."

어떤 세대는 역사를 만들고, 또 다른 세대는 논평만 하면서 옛사람들이 저버린 불꽃을 되살리겠노라 외친다. 가령 지금도 볼셰비키나 카스트로의 유토피아를 재건하자는 소수 집단이 일부 있지 않은가. 마르크스는 이런 말을 했다. "세계사의 위대한 사건과 인물은 두 번 반복된다. (…) 한 번은 커다란 비극으로, 그다음은 우스꽝스러운 희극으로."[21]

결정적 순간들은 지진이 일어난 후의 여진처럼 물수제비 튀듯 일어난다. 68혁명 자체는 1917년 혁명, 쿠바혁명, 마오쩌둥 혁명의 패러디 혹은 부산물에 지나지 않았으나 그 후 앙가주망engagement에 목마른 젊은이들은 68혁명을 흉내 냈다. 2018년과 2019년의 노란 조끼 시위는 에마뉘엘 마크롱 대통령을 처형하는 단두대 모형으로 프랑스대혁명을 살짝 흉내 냈다. 사르트르도 이렇게 말했다. "공허한 시대는 이미 만들어진 눈으로 자기 자신을 바라보기를 선택한다. 그러한 시대는 다른 시대의 발견을 다듬는 것밖에 못 한다. 눈을 가져온 자는 그 눈에 비치는 대상도 가져오기 때문이다."[22]

'세대'라는 용어에는 문제가 있다. 출생 시기가 같다고 해서 또래들과 더 친하거나 연대하지는 않는다. 우리는 출생 이후의 경험을 통하여 그 집단에 속하게 된다. 안타깝게도 나이가 들수록 생물학적 또래 집단과 한 덩어리 취급을 받는다. 동시대라는 덫에 그네들과 함께 갇혀버리는 것이다. 하지만 우리의 정신과 취향은 서로 다른 쪽을 향한다. 우연히 출생 시기가 비슷하다는 이유로 태어나서 죽을 때까지 함께 자라야 한다고 산부인과에서부터 한 반으로 묶어놓은 것 같지 않은가.

부모나 교육자는 두 가지 가르침을 전한다. 첫째는 공식적인 가르침, 대놓고 설파하고 옹호하는 원칙이나 가치관이다. 그런데 의도하지 않았으나 자기도 모르게 생활 태도나 인간관계에서 풍기는 두 번째 가르침이 공식적인 가르침과 정반대일 수도 있다. 자손이 모방 본능을 좇아 암묵적인 행동 수칙을 자연스럽게 따라 하고 공식적인 가르침은 쓸데없는 것처럼 여기고 무시할지도 모른다. 부모는 모두 원하든 원치 않든 자식에게 닮음을 전달한다. 나이를 먹으면서 내가 싫어했던 아버지, 우스꽝스럽거나 가증스러워 보였던 어머니를 결국 닮게 된다. 그들의 괴벽이 우리에게 옮아오고 그들의 고약한 말버릇, 자주 쓰는 표현이 우리 입에서 튀어나온다.

그들은 신체적으로도 우리에게 새겨진다. 우리 얼굴을 침범해서는 그들의 이목구비를 겹쳐놓는다. 우리가 원하고 말고는 상관없다. 아니, 우리가 그 유증을 거부할수록 더 뚜렷하게 남는다. 모든 아이는 부모를 상징적으로 지우면서 성장한다. 자식은 부모의 가르침을 왜곡하거나 아예 잊을 것이다. 그러나 나중에는 나름대로 괴로워하면서 자신의 신경증 혹은 환상을 자식에게 전달할 것이고, 자식은 그것들을 부정할 것이다.

젊은 사람들이 나이 든 사람을 존중하지 않는다는 말을 심심찮게 듣는다. 하지만 나이 든 사람이 말을 놓는데 그들은 존댓말을 쓰고, 나이 든 사람이 친근하게 이름을 불렀는데 그들이 선생님이라고 부르면 상처받는다. 젊은 사람들이 버스나 지하철에서 자리를 양보할 때는 더 큰 상처를 받는다. 그건 이미 우리가 별도의 존재가 되었다는 뜻이다. 우리는 친해지고 싶은데 그들은 거리를 둔다. 그들은 우리를 우리 자리에 돌려놓는다.

아들이나 딸 중 하나가 손위 동기들과 크게 싸우고 틀어졌다가 나중에 화해하고 다시 한마음이 되는 경우가 종종 있다. 젊은 혈기에 삐뚤어졌다가 제자리로 돌아왔다고 할까. 그들은 한때 떠났지만 비판적인 눈으로 세계관을 풍부하게 키웠으니 그러한 탈선도 거대한 시간의 사슬로 돌아와 개인을 초월한 계통의 한 요소가 되는 과정일 것이다. 명백한 거부가 있었음에도 연속성은 그처럼 신비롭게 이어진다. 유산의 부정조차도 유산의 은밀한 연장이었던가.

시간

당장 죽을 듯이, 영원히 죽지 않을 듯이

자기 삶 외의 다른 삶을 두루 살아보지 못한 사람은
결국 자기 삶도 살 수 없을 것이다.
— 폴 발레리

아무리 힘들고 벅찬 삶이어도
해야 할 일이 하나 더 추가되면
한결 가볍게 느껴질 것이다.
— 헨리 제임스[1]

━━━━ 우리를 형성하고 해체하는 시간에 맞서는 전략이 적어도 두 가지는 있다. 순간을 즐기거나 지속을 아랑곳하지 않는 것이다. 고대인들은 이 두 가지 전략을 모두 중요시해 일견 모순되어 보이는 명령을 내렸다. 당장 죽을 것처럼 살고, 영원히 죽지 않을 것처럼 살아라. 마르쿠스 아우렐리우스와 에픽테토스에 이어서 세네카도 영혼은 하루하루 생의 마지막 날처럼 살고 다음 날을 허락하신 신들에게 감사하며 "장부 결산"에 임해야 한다고 했다. 아리스토텔레스는 그들보다 앞서 인간에게 고귀한 임무를 맡겼다. 불멸하고자 하는 자는 정신의 삶, 관조하는 삶theoria을 귀하게 여겨야 한다는 것이다. 우리는 그렇게 삶으로써만 물질적인 것에 사유를 국한하지 않고 거의 신과 같은 지혜에 도달할 수 있다.[2]

첫째 명제부터 보자. "삶의 방식에 완전함을 부여하는 것은 하루하루를 생의 마지막 날처럼 보내는 자세"라고 스토아주의자들은 말했다.[3] 이 말은 고상하지만, 집행을 기다리는 사형수, 죽을 날만 기다리는 환자, 정치범 같은 사람이 아니고서야 어찌 이 말대로 실천할 수 있을까? 러시아 작가 발람 샬라모프는 "내일 일을 예측해봐야 아무 의미가 없다"고 했지만, 그는 강제노동수용소에서 20년을 살았다.

오늘 밤 자다가 세상을 떠날지 모른다고 생각하면 두 발 뻗고 잠들지 못한다. 그러한 명령은 실제 경험과 괴리된 간결성의 독단론에 입각해 있다. 시간을 조금이라도 낙관하지 않으면, 아직은 시간이 있고 상황은 나아질 거라는 믿음이 없다면, 기쁨을 느낄 수 없다. 오늘이 생의 마지막 날이라고 생각하면 도저히 그날 밤 관에 들어가 눕듯 침대에 누울 수 없을 것이다.

당장 죽을 것처럼 매 순간을 살아라

"하루하루를 삶의 완성처럼 살아라"[4]라는 말은 그만큼 현명하게 살라는 뜻이지만, 최대한 즐기면서 살라는 뜻이기도 하다. 세상은 처음 보듯 바라보고 처음 사는 듯 살아야 한다. 마지막으로 보듯 보고 마지막으로 사는 듯 살아야 한다. 일단은 세상을 바라보는 우리의 시선이 새로워져야 한다. 그리고 생을 언제라도 빼앗길 수 있는 재화처럼 여기고 지금 당장 누려야 한다. 이 순간은 다시 돌아오지 않으니 현재에 집중해야 한다. 섬광 같은 순간, 시간의 지속으로부터 훔쳐낸 순간이다.

어느 나이에나 '잘 사는 법'에는 상호 보완적인 두 제안이 있다. 카르페 디엠carpe diem은 날과 시간과 기회를 붙잡는 기술이다. 또 다른 제안은 언제 끝날지 모르는 장기적인 계획을 품는 것이다. 매 순간이 결정적이고, 매 순간은 지나가는 과정이다. 그렇지만 매일 아침 오늘이 마지막이라고 생각하면 즐겁게 살 수가 없다. 기쁨, 사랑, 우정은 공동의 미래를 열어준다는 가치가 있을 뿐이다.

몽테뉴는 플라톤을 따라 "철학은 죽음을 배우는 것"이라고 했다. 사라져야 한다는 것만으로도 충분히 슬프다. 그런데 아침저녁으로 그 불길한 일을 강박적으로 떠올린다면 세상에 태어난 보람이 어디 있을까. 평생 죽음을 연습하여 어느 날 갑자기 큰 낫을 든 죽음의 신이 찾아와도 놀라지 않거나 그리스도인들이 바니타스화^{vanitas}(죽음의 필연성과 인생의 허무함을 상기시키는 상징을 활용하는 회화 장르—옮긴이) 앞에서 그랬던 것처럼, 해골을 마주하고 묵상해야 할 것이다. 삶을 그 끝에 대한 생각으로 재단하는 것, 메멘토 모리$^{memento\ mori}$(죽음을 기억하라)만큼 인생의 즐거움에 찬물을 끼얹는 것이 또 있을까?

디오게네스는 "오직 현재만이 우리의 행복이다"라고 한다. 하지만 현재는 미래가 있기 때문에, 지금과 잠시 후의 좁은 틈새에 꽉 끼어 있지 않기 때문에 우리의 행복이다. 현재만 산다는 것은 철학적으로는 매력적이지만 실존적으로 불가능하다. 따라서 이 가르침을 뒤집어보아야 한다. 철학은 삶을 배우는 것, 특히 유한의 지평에서 다시 사는 법을 배우는 것이다. 하루는 호기로운 아침, 눈부신 정오, 차분한 석양까지, 사람의 한평생과 닮았다. 또한 인생은 봄과 뜨거운 여름, 가을과 겨울이라는 한 해와도 구조가 같다. 그래도 우리는 내일도 깨어날 테고 내년에도 새해 인사를 나눌 것이다.

금욕적인 자세를 설파했던 자들은 개인적으로 어떻게 살았던가? 세네카는 네로 황제에게 자살을 명받고 61세에 죽었다. 마르쿠스 아우렐리우스는 석연치 않은 공동 황제 체제를 유지하다가 지금의 오스트리아 빈에서 아들 코모두스의 사주로 독살당했다. 에픽테토스는, 전기 작가들에 따르면 75~80세까지 산 것 같다. 요컨대, 이들은 모두 미래를 생각할 수 있을 만큼은, 아우렐리우스의 경우 로마 제국의 운명을 이끌 수도 있을 만큼은 살았다.

다시 한번 기억하자, 쾌락의 조건 중 하나는 무한히 재생할 수 있어야 한다는 것이다. 행복한 순간은 돌아오고 확장되기를 원한다. '앙코르'를 원한다. 그것이 시간의 기약이고 모든 기약은 정상을 벗어난 면이 있다. 기약은 가능성을 뛰어넘어 말이 안 되는 방식으로 미래를 내건다. 우리가 그 환상에 몰두할 수 있는 동안은 소망이 있다. 100세 노인도 이런저런 계획을 세우고 내일을 말한다.

과거는 아직 지나가지 않았다

프루스트는 개인에게나 한 나라의 국민에게나 도둑질보다 고약한 것이 자기 표절이라고 했다.[5] 이는 새로 만든다고 착각하면서 자기를 모방하는 것이다. 하지만 이 주장은 타당하지 않다. 자신을 흉내 내는 과정에서 혁신이 이루어질 때가 얼마나 많은가. 프루스트도 고유한 목소리를 찾을 때까지 자기를 베끼고 또 베끼면서 천재성을 갈고 닦았다. 뭔가를 외워서 달달 읊다 보면 깨달음이 번득 일어날 때가 있다. 자기의 창조와 재창조는 언제나 모방한 형식과 새로운 형식 사이의 투쟁에서 나온다. 그러다 결국 자동성에 굴복하면 하던 행동만 하고 변화는 거의 생기지 않는다.

앞으로 나아가려면 뒤로 갈 줄 알아야 한다. 자녀 교육에는 늘 퇴행이 뒤따르는데, 이는 실패가 아니라 새로운 전진을 위해 자기가 걸어온 길을 복기하는 과정이다. 어떤 행동을 다시 준비하려면 일단 기존에 짜인 행동의 올을 다 풀어야 한다. 어느 정도의 뒷걸음질은 나이에 상관없이 늘 유익한 데가 있다. 우리가 뒤로 한 과거는 차갑게 식었지만 아직 불씨가 꺼지지는 않았다. '토 나오게' 자주 인용되는 "과거는 결코 사라지지 않았을뿐더러 지나가지도 않았다"는 미국의 소설가 윌리엄 포크너의 문장은 으레 일종의 비극으로, 즉 예전에 있었던 일의 무게가 계속해서 우리를 옭아맨다는 의미로 해석된다. 하지만 이 문장을 좀 더 가볍게 받아들일 수도 있다. 동굴학자가 동굴을 둘러보면서 깊이 파묻혀 있는 옛 시대를 깨우듯 우리가 살아온 삶의 추억을 미래로 변화시키라는 부름처럼 말이다.

어설프고 불완전한 우리의 자아들, 대단한 이력이나 기막힌 운명을 꿈꾸는 자아들이 다시 한데 모이고 그 에너지가 화산을 깨운다. 우리가 포기했던 어떤 야심이 다시 일어나거나 다른 야심으로 대체된다. 오래 살았다고 해서 과거의 열망들을 완전히 묻어버릴 수 있을까. "내 안에는 충족되지 못한 위대한 출발들이 있다"고 작곡가 가브리엘 포레는 말했다. 너무 일찍 억압된 가상의 미래, 이를테면 어떤 일을 하고 싶었던 꿈이 되살아난다. 그런 어렴풋한 꿈은 깨어날 때만을 기다리는 가능성이다. 우리가 상상만 했던 일, 가령 영웅적인 행위, 이제 서로 무슨 심정이었는지 확인할 길도 없는 가슴 아픈 연애도 마찬가지다. 전설과도 같은 사연 없이는 끔찍이 단조로운 나날을 견딜 수 없다. 그러다 세월이 쌓이면 우리는 자신이 지어낸 허구를 진짜라고 믿고 더없이 정직한 마음으로 거짓말을 한다.

과거는 한낱 벌레 끓는 시체가 아니다. 과거는 "보고서가 잔뜩 든 커다란 서랍장"이자 우리를 위협하는 "시든 장미로 꽉 찬 안방"(보들레르)이다. 하지만 신기한 물건이 가득 든 궤짝처럼 잠깐은 마법이 통한다. 과거가 우리의 의식 속에서 뭐라고 더듬더듬 떠든다면 미라처럼 삭막해진 삶을 뒤엎고 싶다는 뜻이다. 우리는 오랜 세월 여러 방식으로 살아보았고 이전의 자기를 버리면서 그 방식들을 축적해왔다. 우리 안의 상스럽고 고약한 하숙인들은 수리를 요구하거나 그냥 자기들끼리 치고받으려 할 뿐이다. 나이가 들 만큼 든 사람 안에도 오랜 침묵을 깨고 다시 나타나고 싶어 하는 개구쟁이 어린아이가 있다. 버림받은 존재에 대한 위안, 이루지 못한 소명은 다시 기회를 얻고자 한다. 한 사람이지만 다수요, 그 다수는 만족을 얻지 못했기에 아직 할 말이 많다.

프루스트 이후, 우리는 죽은 듯한 기억도 소생되기만을 바란다는 것을 알게 되었다. 우리 자신의 역사를 돌아보는 일에는 치료 효과도 있지만 무엇보다 소설적인 효과가 있다. 뭔가 중요한 것을 잃어버린 듯하다면 걸어온 길을 되짚어보는 편이 좋다. 어떤 사람들은 신문, 편지, 잡동사니를 모조리 모아서 어느 한 시대의 기록을 망각의 어둠으로부터 보호하고자 한다. 인생이라는 박물관의 수호자, 무덤의 방문객이 되는 한이 있더라도. 또 어떤 사람들은 반대로 혼탁한 회고의 거울을 들여다보되 앞으로 나아가기를 원한다.

과거는 한낱 벌레 끓는 시체가 아니다.

과거는 "보고서가 잔뜩 든 커다란 서랍장"이자

우리를 위협하는 "시든 장미로 꽉 찬 안방"이다.

하지만 신기한 물건이 가득 든 궤짝처럼

잠깐은 마법이 통한다.

인생은 움직이는 모자이크화

우리는 자신을 모른 채 살아간다. 현재라는 안개 속에서 우리에게 일어나는 일이 늘 이해되는 것은 아니다. 어떤 일은 아주 오랜 시간이 흐른 뒤에야 비로소 이해된다. 또렷하지는 않아도 뒤늦게 떠오른 기억의 명암에 비추었을 때만 알 것 같은 의미가 있다.

과거가 희한한 이유는 지나면 그만인 게 아니라 나중에라도 어렴풋이 떠오르면서 후험적으로 다시 살아나기 때문이다. 우리가 그렇게 복잡다단하고 풍부한 존재인 줄은 미처 몰랐건만! 마술사의 모자에서 비둘기가 튀어나오듯 방대한 추억 속에서 새로운 가능성이 튀어나온다. 미래를 예측하기는 힘들다고 하지만 과거가 되레 더 예측하기 힘들다. 세월이 가면 과거도 달라진다. 과거가 떠오를 때마다 우리는 거기에 감정의 색깔을 덧입힌다. 그래서 소설가들이 특히 좋아하는 시간 역설이 발생한다. 우리는 미래를 그리워하고 지나간 시간을 예언한다. 과거는 끊임없이 현재에 다짜고짜 난입해서는 전에 없던 밀담을 꾀한다.

달리 말하면, 삶은 가재걸음으로 나아간다. 앞걸음질이 뒷걸음질이고 뒷걸음질이 앞걸음질이다. 프랑수아 모리아크는 늙음의 비극이란 한 인생의 총합이 되는 것, 숫자 하나 바뀌지 않는 최종 합산 결과가 되는 것이라고 했다.[6] 총합 자체는 달라지지 않을 것이다. 하지만 그 전체는 움직이는 모자이크화처럼 늘 헤쳤다 모이기를 반복하며 재구성된다. 이미 경험한 내용은 지리멸렬할 수 있지만 청소년기부터 불쑥불쑥 떠오르는 '이게 다 무슨 소용이지?'라는 물음은 일종의 쾌락건망증 덕분에 사라진다.

기억이 아무리 강렬할지라도 우리는 어떤 쾌락을 늘 처음처럼 즐긴다. 기억은 과거에 경험한 쾌락들의 기나긴 계보를 떠받칠 뿐이다. 사랑의 열락 혹은 식도락을 예로 들어보자. 과거는 입맛을 돋우는 식전주 구실을 한다. 과거는 우리의 감각, 지성, 미뢰를 마비시키는 게 아니라 단련시킨다. 과거는 이미 경험한 황홀을 불러와 현재의 황홀을 더욱 풍성하게 감싸준다. 미식가가 느끼는 음식의 풍미, 기쁨을 느낄 때의 전율 그 자체는 늘 새로운 것이다. 이렇게 살살 녹는 고기는 늘 처음이고, 이렇게 강렬한 오르가슴도 늘 처음이다. 우리의 신체는 이런 식으로 쾌락주의자의 기나긴 생애에 영광을 돌리고 지금 이 순간의 우위성을 긍정한다.

우리의 피부, 우리의 감각에는 풍성하면서도 조심스러운 역사가 있다. 우리의 예술적 취향은 그동안 접한 작품들 덕에 더욱 풍부해진다. 그 작품들은 우리를 지겹게 하기는커녕 새로운 음악 혹은 회화가 주는 신선한 충격을 맞이할 준비를 시켜준다. 불연속적인 건망증은 나타났다가도 더 좋은 방향으로 사라진다. 과거의 전율은 결코 현재의 감각에 기생하지 않는다. 어제 먹은 저녁이 아쉬웠다고 오늘의 밥을 맛있게 먹지 못하는 것은 아니다. 밥을 먹으러 갈 때는 늘 배가 고프고 뭔가가 먹고 싶은 존재일 뿐, 과거에 무엇을 먹었는지는 아무 의미가 없다. 예전에 맛있게 먹은 기억은 지금 먹는 음식의 풍미를 돋울 뿐이다. 망각은 인간의 뇌라는 절묘한 지우개 덕분에 얻을 수 있는 희열의 조건이다.

다시 어린아이의 마음으로

　시간의 여정이 거꾸로 흐를 때 생의 강물은 이따금 수원까지 거슬러 올라간다. 애늙은이는 나이를 먹으면서 젊어진다. 한나 아렌트는 세상은 옛것이지만 세상에 태어나는 아이는 새로움의 효모가 되어 그 세상을 변화시킨다고 했다.[7] 하지만 나이가 한참 든 후에도, 멀어지면 멀어질수록 내면에서 점점 더 커가는 싱그러운 유년이 새로움을 불러올 수는 없을까. 여기서 말하는 유년은 실제 상태가 아니라 정신적 기질이다.

　잘 산다는 것은 끝까지 갈마듦의 순리를 따라 잠들었다가 다시 깨어나는 것이다. 이것이 '부흥revival'이라는 종교적 현상, 신앙이 다시 활력을 얻고 새롭게 일어나는 현상이다. 이 단어는 음악 장르, 가수, 정치인에게도 적용될 수 있다. 한동안 보이지 않았던 것이 다시 한번 부상하고 대중의 열광적인 성원을 받는다. '한물간 사람'이 멋진 모습으로 복귀하고, 레버넌트(죽음으로부터 돌아온 자라는 뜻으로 유령, 언데드 등을 가리킨다 — 옮긴이)가 현대성의 상징이 된다. 매체가 띄워줘서 큰 인기를 얻은 사람 중에는 한동안 보이지 않던 스타, 인기 없던 가수, 인정받지 못한 작가가 꼭 끼어 있다. 행운은 착한 아주머니다. 그 아주머니는 때때로 잊힌 이들을 암흑에서 건져내 제대로 된

조명 아래 목초지에서 굶주린 대중에게 풀어준다.

그러므로 유치함이 아닌 아이다움을, 다시 말해 계시의 정신을 되찾아야 한다. 프랑스의 철학자 가스통 바슐라르는 키르케고르의 글을 해설하면서 "인간이 아이를 스승으로 삼는다면 형이상학적으로 얼마나 위대해질까"라고 했다. "이제 막 시작하는 생, 이제 막 피어나는 영혼, 이제 막 열리는 정신의 가르침이 우리에게는 실로 간절하다."[8]

유년에게 배운다는 게 무슨 뜻일까? 60세, 70세가 됐는데도 20세 때보다 경험만 많았지 막막하기는 마찬가지요, 상황을 바로잡을 가망은 오히려 더 줄었음을 깨닫게 된다. 우리는 시간의 연안에 헐벗은 채 떠밀려왔다. 우리는 세상을 바라보는 순결한 눈, 놀라워하는 능력을 되찾아야 하는 늙은 어린애들이다.

어떤 면에서 아이들의 무지는 복되다. 쓸데없는 지식만 꾸역꾸역 머리에 처넣은 어른들의 애매한 앎보다는 철저하게 직관으로 가득한 그 무지가 나아 보인다. 긴 세월 축적한 지식만큼 감탄스러우면서도 기대가 안 되는 것은 없다. 용어 하나 숫자 하나까지 세심하게 꿰고 있는 박학 탓에 전체적인 전망을 놓친다면 부질없는 짓이다. 나이가 들어서도 고전을, 위대한 영화나 음악을 처음으로 발견할 수 있고 세상을 완전히 새로운 눈으로 바라볼 수 있다면 얼마나 운이 좋은가! 어느 정도 나이가 들면 파우스트 신화와 같은 신체적 즐거움은 불가능하고, 지성과 감정의 즐거움만 기대할 수 있다.

아무도 다시 젊어지지는 못한다. 그러나 나이가 들어도 탐구와 관찰의 정신을 유지함으로써 의식을 풍요롭게 채울 수는 있다. 상반된 두 가지 성장이 맞부딪치되 어느 한쪽을 파괴하지는 않으면서 우리 안에 이로운 긴장 관계를 낳는다. 망가지기 쉬운 상태로 추락한다고 해서 사유의 깊이가 달라지지는 않는다. 사유는 자기만의 노선을 따라간다. 아시시의 성 프란체스코는 "어린아이처럼" 살라고 했다. 생의 초년기처럼 살면서 늙어버린 자아의 한계를 깨고 우리를 깨끗하게 하는 샘에 뛰어들라. 몸은 늙되 마음은 늙지 말라. 세상과 쾌락에 대한 감각을 지키고 걱정 많은 속내와 혐오라는 이중의 함정을 피하라.

인생에는 두 가지 유년이 있다. 첫 번째 유년은 사춘기에 우리를 떠나간다. 두 번째 유년은 성년기에 나타나 열정적으로 우리를 휘젓다가도 우리가 잡으려거나 흉내 내려고 하면 도망간다. 유년으로 돌아간다는 것은 어린애처럼 유치해진다는 뜻이 아니라 정신의 청신함, 새로운 피를 공급받는 놀라운 계기를 의미한다. 요컨대 화석처럼 굳어버린 삶에 맞서서 다시금 경탄하는 태도를 취하는 것이다. 지성과 감성을 조화시키고, 미지의 것을 받아들이고, 자명해 보이는 것에 경이로워하는 능력. 그러한 능력은 나이와 상관 없이 자기를 보전하려는 바람, 이미 습득한 것에 안주하려는 태만을 이긴다.

영국의 소설가 새뮤얼 버틀러는 "인생은 바이올린 협주곡을 연주하면서 바이올린이라는 악기를 배우는 것"이라고 했다. 우리는 마지막 날까지도 연습 중일 테고, 서툴게 한 음 한 음 연주해낼 것이다. 몸이 불편한 자, 병든 자, 다친 자, 아픈 자, 어리석은 늙은이에게 위대한 미래가 있을진저. 유년은 노년의 주책맞은 노망이 아니라, 다시 한번 최초의 순간에 흠뻑 빠지고 싶은 자들의 보완책이 될 것이다. 때때로 젊은 사람이 겉늙은 것처럼 유년의 특징이 70대 노인의 얼굴에 새겨질 수도 있다. 어리석음은 나이를 따지지 않으므로.

영국의 소설가 새뮤얼 버틀러는

"인생은 바이올린 협주곡을 연주하면서

바이올린이라는 악기를 배우는 것"이라고 했다.

우리는 마지막 날까지도 연습 중일 테고,

서툴게 한 음 한 음 연주해낼 것이다.

너는 네 열매에 걸맞게 성숙하지 못했다

가끔은 우리 안의 여러 세대가 대화를 나누기도 한다. 그런 대화가 과거의 어린아이, 지금의 어른, 앞으로 될 노인을 불러내기도 하고 쫓아내기도 한다. 이 아바타들은 어떤 위상을 차지하는가? 유령? 예측? 레버넌트? 중세 이후로 유령은 우연히 마주한 정체불명의 죽은 자, 레버넌트는 산 자와 가까운 사이였다가 이미 죽은 자로 구분되어왔다.[9] 하지만 어린 시절의 나, 청소년기의 나도 이방인처럼 낯설지 않은가. 과거의 나는 오랜만에 만난 이보다 불쑥 나타난 낯선 이에 더 가깝지 않은가. 다양한 세대들 사이의 대화가 계속되는 동안은 생이 최저수위를 지킨다. 그 안에서 여러 목소리가 공존하면서 뜻을 같이하다가 갈라지기를 반복하면서 불화와 화합, 완고함과 순진함이 공존한다.

말리의 만딩고 부족의 일파인 밤바라족에게는 늙은이들이 다시 일곱 살이 되는 의식이 있다고 한다.[10] 나이는 이제 하나의 표식일 뿐, 나이만으로 생활양식을 추론해낼 수 없다. 행복하게 나이를 먹는 비결은 자기에게 부여된 나이에 신경 쓰지 않는 것이다. 점진적 쇠약은 점진적 해방과 함께 가기도 한다. 우리는 언제라도 현자이자 미치광이일 수 있고 이성과 장난기,

신중함과 무모함을 겸비할 수 있다.

노년이 청춘에게 부러워하는 것은 단지 활력, 아름다움, 위험을 무릅쓰는 패기, 인지적 유연성만이 아니다. 매일 아침 쌩쌩하게 새로 태어나는 삶의 자세다. 배우고 발견할 것도 많고 한 번은 해봐야 하는 일, 느껴봐야 할 감정이 많은 청춘이 부럽다. 이 본능적 욕구를, 설령 순진해 빠진 사람이 되는 한이 있더라도 끝까지 지켜야 한다. 흐르는 세월의 크나큰 가르침은 이것이니, 늘 초심에서 다시 출발해야 한다. 마치 아무것도 모르는 것처럼. 우리를 피해갔거나 위협으로 다가왔던 것을 향해 마침내 마음을 여는 것처럼.

50년, 60년이 걸려야 비로소 이루어지는 성숙이 있다. 니체는 "너의 열매는 무르익었지만 너는 네 열매에 걸맞게 성숙하지 못했다"고 했다. 칸트도 철학자 한 명이 만들어지려면 60년은 걸린다고 했다. 그 나이가 되기 전에는 철학이라는 분야에서 뭔가 독창적인 것을 써내기가 불가능하다나. 노년은 그동안 거쳐온 나이들을 압축하고 하나로 합쳐 최선 아니면 최악을 낳는다. 문학평론가 마티외 갈레는《일기》에서 루이 아라공의 "어린아이가 된 노인의 기행"을 이야기한다. 공산주의자이자 시인인 아라공은 아내 엘사 트리올레를 잃은 후 비로소 자신이 동성애자임을 고백하고 젊은이들과 어울려 다니거나 생

제르맹데프레에 흰 가면을 쓰고 나타나곤 한다.[11]

　신체적 쇠락이 천재성과 공존할 수 있다. 질병이 남다른 통찰과 공존할 수 있다. "정신의 시력은 신체의 시력이 떨어지기 시작할 때에야 비로소 예리해진다"고 플라톤은 말하지 않았던가.[12] 눈부시도록 환한 빛은 보이지 않는다. 명암이 보일 뿐이다. 특히 풋내기 시절에는 뚜렷한 대비에 목마르다. 젊음은 절대적 위엄이 넘치는 때, 다시 말해 영웅적인 도약의 시기지만 범죄와 어리석음의 시기이기도 하다. 세월만이 뉘앙스의 기술을 알려준다. 노망나고 정신 나간 노인도 많지만, 당장 죽어도 이상하지 않은 고령에도 통찰력과 푸릇푸릇한 정신으로 우리를 깜짝 놀라게 하는 노인, 분별력의 대가들도 있다.

　우리가 품은 그 모든 미완의 삶이 복잡한 그림의 중심점처럼 이따금 확 떠오르고 전에 없던 시간의 흐름을 낳는다. 과거의 한 조각이 돌아와 새로운 서두가 되고, 이런저런 흐름이 사방으로 교차한다. 인생은 작은 글씨로 쓰는 아주 긴 편지다. 생의 횡단은 때때로 위험하기 그지없으나 참으로 근사하다. 볼테르에 앞서 관용tolérance을 사유했던 프랑스의 사상가 피에르 베일은 "의식이 방황할 권리"를 주장했다. 어떤 진리, 어떤 신앙을 강요당하기보다는 스스로 실수도 해보고 자기 판단을 돌아볼 수 있는 권리가 필요하다는 것이다. 우리는 그런 점에서 모두 방황하는 영혼이며 그날그날 즉흥적으로 살아간다. 우리는 자꾸 옆걸음질하고 경치 좋은 우회로로 빠지기도 하면서 서두르지 않고 끝을 향해 나아간다. 인생의 내리막길은 오르막길처럼 가야 한다.

언젠가는 손주를 보고 기뻐하고, 빅토르 위고처럼 '할아버지로 사는 기술', '어린이에게 복종하는 기술'을 익히게 되리라. 명령을 내리기보다는 따뜻한 조언을 베푸는 수호자로서 혈통 속에 위치하며, 후손들의 얼굴에서 점점이 나타나는 닮음을 읽어낼 수 있으리라. 이때는 어린아이들이 주는 이로움을 모두 즐기면서도 거기에 예속되지는 않을 것이다.

아이들을 보면서 삶의 미숙한 첫걸음을 다시 배우고, 50년 전과 교과서가 얼마나 달라졌는지 비교해보면서 즐거워하고, 아이들이 무럭무럭 자라고 좋은 성적을 받아오고 우리는 못했던 것을 해내며 집안을 새로운 방향으로 이끄는 모습을 기특해하면 그것으로 족하다. 손주 세대는 자식 세대와 달리 우리를 허구한 날 판단하거나 짜증을 내거나 비난을 퍼붓지 않는다. 손주들은 잠깐 떼쓰는 것조차 귀엽고, 손주 입에서는 아무리 어리석은 말이 나와도 황홀하기 그지없다. 손주들에게는 한없이 다정해지더라도 갈등은 없다.

하지만 이 자애로운 권위가 60세, 70세에도 넘치는 에너지를 다 차지하거나 삶의 전부가 될 수는 없다. 게다가 일종의 계승

역전에 따라 할아버지 할머니는 손주에게 무엇이 가장 좋은가라는 문제를 두고 아들과 딸의 지시를 따라야만 한다. 손주 세대를 돌보는 일은 자식 세대의 허락에 달렸다. 자식들은 늙은 부모가 자기 볼일 보느라 손주를 봐주기로 한 날 안 된다고 거절하거나 유치원에 늦게 데리러 가면 난리를 피운다. 할아버지 할머니가 24시간 서비스라도 되는 줄 아나. 그 세대도 별거, 재혼, 사생활, 여행 등으로 분주하기 일쑤요, 요즘은 그 나이에도 대학을 다닌다! 그래서 요즘은 할아버지 할머니라는 호칭을 달가워하지 않는 사람도 많다. 그런 호칭이 뭔가 쉰내 나고 늙어버린 기분을 느끼게 한다나. 그래서 할아버지 할머니라고 직접 부르기를 삼가거나 다소 귀여운 신조어를 만들어내는 방법으로 에둘러 가기도 한다.

할아버지 할머니의 역할은 가변적이다. 경제적인 이유에서라도 이 역할은 사라지지 않겠지만 나이가 들었다고 해서 무조건 할아버지 할머니로만 살라는 법은 없다. 노년은 베이비시터 역할을 하거나 그리운 추억을 하나하나 곱씹으라고 있는 게 아니다. 나이가 들어도 함께 투쟁하고, 목표를 정하고, 계획을 실현하기 위해 몸부림친다. 할아버지 할머니는 나이 든 사람의 정체성이 아니라 흥미진진하고 보완적인 하나의 단계일 뿐이다.

"인생은 물론 파괴의 과정이지만 엄청난 변화를 가져오는 공격이라고 해서 (…) 당장 그 결과가 눈에 보이는 것은 아니다. 종류가 다른, 안에서부터 오는 타격이 있다. 그런 타격은 여파를 너무 늦게 깨닫기 때문에 뭐라도 해보려야 해볼 수가 없다."[13]

이 화려한 글을 모르는 사람이 있는가? 《위대한 개츠비》의 작가 스콧 피츠제럴드가 말하는 균열은 눈에 띄지도 않는 금으로 자리 잡지만 결국은 거대한 돌덩이도 갈라놓는다. 술, 실망스러운 연애, 점점 나빠지는 형편, 환상과 건강의 상실, 달아난 영감, 문학적 실패가 이 소설에 일종의 비극적인 위엄을 더해주었다. 질 들뢰즈는 이 소설을 두고 페이소스 가득한 논평을 남겼다.[14] 그는 이 짧은 걸작이 우리에게 "망치 소리"처럼 다가온다고 말한다. 인생은 우리 힘에 부치는 싸움이고, 우리는 그 싸움에서 산산이 부서진다. 마치 태어날 때부터 우리 안의 단층이 점점 더 크게 갈라지고 벌어지기만 하는 것처럼. 우리는 작은 충격에도 깨지기 쉬운 도자기를 닮았다. 피츠제럴드의 단편은 아름답고, 불행처럼 반박의 여지가 없다.

다른 논리에 입각해서 항변할 수는 있겠다. 생이 전부 파괴와 광기뿐인 것은 아니요, 우리는 붕괴를 늦출 자유가 있다. 우리는 모두 같은 속도로 늙지 않는다. 심지어 죽음에 대해서도— 자살이 가능한 이상—우리는 모종의 힘을 행사할 수 있다. 들뢰즈가 그랬던 것처럼, 위대한 작가의 반열에 올라 "건강보다는 차라리 죽음을" 설파하기 위해 앙토냉 아르토, 맬컴 로리, 니체의 넋을 불러올 필요까지는 없다.[15] 그런 것은 진부한 숙명론 비슷하다.

그런 점에서 프랑스의 구조주의에는 기 드보르의 상황주의가 그랬듯이 일종의 암흑낭만주의, 부서진 운명들에 대한 애호가 배어 있다. 구조주의는 교묘하게 신체의 쇠락을 지적 우수성으로 바꾸고 신체를 진리와 건강의 장애물처럼 여기는 플라톤주의적 시각을 재창조했다. 우리는 모두 죽을 운명이니 인생의 초장부터 죽음의 신을 소환하고 화려한 문장들의 불꽃놀이로 우리 자신을 태우면 어떠한가. 예술적 삶은 나이를 바라보는 두 가지 시각에 영감을 주었다. 어둡고 비극적인 시각은 짧지만 강렬한 삶을 고양한다. 환하고 긍정적인 시각은 나이를 먹어도 늘 창작에 몰두하는 삶을 고양한다. 파블로 피카소, 호안 미로는 후자의 좋은 예일 것이다.

우리는 어쩌다 보니 생의 꼭대기까지 올라왔고 이제 다시 내려갈 수는 없다. 지금까지 걸어온 대로 한 걸음 한 걸음 옮기는 것 외에는 선택의 여지가 없다. 생은 종종 사다리에 비유되는데 이 사다리는 아무리 위로 올라가도 어느 벽에도 기대어 있지 않고 허공에 덩그러니 솟아 있다. 까마득한 절벽에서 떨어지면서도 페달 밟듯 다리를 계속 움직이는 만화영화 속 인물들처럼, 우리는 영원히 멈추지 않을 태세로 계속 올라가야 한다.

욕망

아직도 이러고 삽니다

몽탕과 나는 동갑이다.
그는 내가 늙어가는 모습을 곁에서 지켜봤고
나는 그가 내 곁에서 성숙해가는 모습을 지켜봤다.
남자들은 나이가 들어도 성숙해진다고들 한다.
그들은 머리가 세도
'은빛 구레나룻'이라는 말을 듣지 않는가.
주름도 남자들에게는 관록의 표시이건만
여자의 주름은 추하다고들 한다.
— 시몬 시뇨레[1]

나는 주름이 자글자글하고 역겨운 인간이다. 밤에 잠자리에 들기 전 거울을 들여다보면 괴상한 얼굴이 나를 보고 있다. 내 이는 이제 윗니, 아랫니 할 것 없이 하나도 남지 않았다. 게다가 잇몸도 남았다고 하기 뭐하다. (…) 그래도 난 놀라지 않는다. 사람이라면, 아니 원숭이라도 이렇게 흉측한 몰골은 하고 싶지 않을 테니까. 나도 당연히 이 꼴로 여자들에게 사랑받기를 원할 만큼 어리석은 인간은 아니다. (…) 하지만 이 적막한 생활 속에서 미인을 가까이 두고 산다. 지위로 보나 자격으로 보나 나는 그 아름다운 여인을 잘난 사내 품에 밀어 넣을 수 있고, 그런 식으로 집안에 전쟁을 일으키면서 (…) 이 상황을 즐긴다.[2]

—— 77세의 노인은 며느리 사쓰코에게 푹 빠져 있다. 카바레 무희 출신인 사쓰코는 시아버지를 완전히 휘어잡고 있다. 노인은 성 능력을 잃었는데도 며느리에게 집착하며 "비전형적이고 간접적인 다양한 방식으로 성적인 끌림을" 경험한다. 작가 다니자키 준이치로는 《미친 노인의 일기》에서 혈압, 심장 박동수, 식생활, 신체 마비 등을 기록하는 의료 일지 형식의 일기를 통해 젊고 예쁜 며느리가 시아버지를 점점 더 지배하는 양상을 그려낸다. 전체적인 이야기는 화자의 신체적 쇠락과 사쓰코를 향한 욕망이라는 두 극단 사이에서 팽팽한 긴장을

유지한다.

노인은 돈과 선물로 며느리의 환심을 사려 한다. 그러나 보상은 보잘것없다. 며느리는 사소한 친밀감, 몸을 씻으면서 등을 보여준다든가 발을 주무를 수 있게 한다든가 하는 정도만 허락한다. 시아버지가 자기를 껴안으려고 했을 때는 냅다 따귀를 갈기고 소리를 지른다. "세상에, 노인네가 주책이야!" 노인은 "오른쪽 어깨의 도톰한 살집에" 입을 맞추려고 했다가 왼쪽 뺨에 또 한 번 따귀를 맞는다. 사쓰코는 그래도 자기 발에 입 맞추는 것만은 허락하면서 노인의 애간장을 태운다. "날 건드리면 당장 씻을 거예요. 안 그러면 고약한 냄새가 날 테니까." 사쓰코는 몹시 갖고 싶어 하던 보석을 선물 받고 결국 시아버지가 발을 열정적으로 핥는 것까지 허락한다. 그 선물은 300만 엔이나 하는 고가의 보석이다.

노인은 자기 시도가 하나씩 성공할 때마다 흥분과 공포를 주체하지 못해 가벼운 심장 발작을 겪는다. 사쓰코는 노인의 아들과 결혼했지만 따로 애인이 있다. 노인은 그 사실을 알면서 묵인할 뿐 아니라 다른 가족이 눈치채지 못하게 보호해준다. 사쓰코는 노인의 질투를 자극하려고 개에게 뺨을 비벼대고 재미있다는 듯 그의 반응을 기다린다. 노인은 모든 것을 참아낸다. 사쓰코의 마음을 얻을 수 있다면 죽음도 두렵지 않다.

자신을 멸시하고 이용하는 이 여자를 향한 "더러운 매혹"에 전부를 내건다. 자신이 추하고 혐오스러울수록 사쓰코는 아름답고 빼어나게 보인다. 노인은 자식들과 아내에게는 박정하기 이를 데 없고 그들이 가난하고 비참해지기를 바란다. 결국 그는 자기 우상의 발을 본떠서 불족상을 만들고 무덤에까지 가져가기로 결심한다. 정신 나간 노인이 되어버린 자신이 유골이 되어서도 그 고운 발에 영원히 짓밟힐 수 있도록······.

하녀에게 추파를 던지고 멸시당하는 늙정이, 여배우나 화류계 여인에게 놀림당하는 노인, 자신을 비웃는 젊은이에게 푹 빠진 초로의 부인, 성경에서 목욕 중인 수산나를 겁탈하려다 간음죄로 사형당한 원로들(《다니엘》 13장)을 보라. 몰리에르부터 테네시 윌리엄스까지 희곡, 문학, 영화는 구애하는 자와 구애받는 자의 나이 차를 잔인하리만치 강조하곤 한다.

프랑스 작가 샤토브리앙은 생애 말년에 어느 소녀에게 구애했다가 퇴짜를 맞았다. 아르투어 슈니츨러의 소설 속에서는 노인이 다 된 카사노바가 젊은 여성을 유혹하려고 젊은 남자로 변장한다. 어디 그뿐인가. 괴테도 72세 때 마리엔바트에서 바이마르 대공 카를 아우구스트를 통해 아직 소녀나 다름없던 19세의 울리케 폰 레베초프에게 청혼했지만 거절당했다. 50대의 미국인 스톤 부인은 로마에서 약관의 미청년 파올로에게 홀딱 반한다. 그녀는 하루하루 자기 돈을 쓰면서도 모욕을 감내하고 자기 삶이 "중앙 돛대가 나가서 아무렇게나 주름지며 무너져내리는 돛처럼" 엉망진창이 되는 꼴을 지켜본다.[3] 백과전서파로 유명한 장-바티스트 르 롱 달랑베르의 친구였던 쥘리 드 레스피나스는 40세 때 자기보다 훨씬 어리지만 보잘것없고 건방지기만 한 기베르 백작에게 빠지고, 그의 무심함에 괴로워하다가 죽는다.

어디서나 나이 차이가 많이 나는 결혼은 끝이 좋지 않은 듯 보인다. 그런 결혼은 응당 놀림거리가 되고, 나이 들어서까지 매력적으로 보이려고 기를 쓰는 여자들에 대한 시선도 곱지 않다. 고야의 그림 속 노파는 세월이 흐른 것도 모른 채 이미 이가 다 빠지고 해골이 된 얼굴에 분칠을 한다. 모파상은 한물간 여배우가 "색 바랜 사랑의 향기처럼 젊음을 꾸며내고 있다"고 묘사한다. 17세기에 프랑스의 시인 테오필 드 비오가 남긴 "숨에서 악취가 나고 뼈만 담아놓은 자루"라는 표현은 또 어떠한가. 나잇값을 못 하는 이들에게 여론은 잔혹하다. 빅토르 위고만이 〈잠든 보아즈〉를 통해 젊은 여인의 애무 덕에 승리의 밤을 보내고 자손을 본 나이 많은 사내를 그렸다. 하지만 원래 시는 현실이 거절한 모든 권리를 누리는 법 아닌가.

도리스 레싱은 일기 형식을 빌린 소설《어느 좋은 이웃의 일기》에서 한 50대 영국 여성이 당한 봉변을 이야기한다. "어느 날 주유소에 들어갔다. 나는 장시간 운전을 해서 피곤했기 때문에 그냥 '가득 채워주세요'라고만 했다. 주유소 직원이 대꾸했다. '네, 그러지요. 하지만 연료탱크만입니다.'"[4] 프랑스의 소설가 아니 에르노도 45세에 백화점에서 소매치기를 당한 일을 이야기하면서 그 젊은 좀도둑의 껄렁한 태도에 묘한 매력을 느낀 동시에 "그 대단한 수완, 솜씨, 욕망의 대상은 내 몸이 아니라 내 핸드백이었기에 더욱 굴욕적이었다"고 말한다.[5] "어째서 인생 중반에 다다른 여인은 삶을 다시 꾸리기가 이토록 힘들까?"라고 철학자 모니크 캉토-스페르베르도 의아해하지 않았던가?[6]

여기서 노골적으로 드러나는 문제가 있다. 어느 정도의 나이를 넘긴 여성에게는 사랑의 기술, 부부 생활이 가로막혀 있다. 세상은 만회할 기회도 없다는 듯이 말한다. 그들에게는 출생연도보다 연애의 시한이 더 중요한가 보다. 이미 많은 사람이 고발한 대로, 늙수그레한 남성들은 젊은 여성들과 노닥거리기도 하는데 그 또래 여성들은 '늙은 마녀', 폐기물, "상하기 쉬운 먹을거리"(수전 손택) 취급당하는 이 현실은 불공평하다.[7] 남성들은 점점 인물이 나아지는데 여성들은 못나지기라도 한다던가. "평범한 인간 여성은 나이가 들면 으레 살이 찐다. 뚱뚱한 여성은 애정의 나라에서 근본적으로 배척당한다."[8]

여성에게 연애 시장은 인생 중반부면 벌써 닫히고, 나이 많은 여성은 자기를 밀어내는 젊은 여성을 적으로 돌린다. 간혹 예외가 있다고는 하나 두 번째 기회, 세 번째 기회는 없다. "구레나룻이 희끗희끗한 남성"과 새파랗게 앳된 여성이 팔짱을 끼고 다니는 모습은 사회적 사실로 받아들여지는데, 그 반대는 그렇지 않다. 그래서 남편들은 30대 여성과의 연애를 "시간을 늦춰주는 약"(실비 브뤼넬)[9]으로 삼으려 떠나고, 버림받은 아내들은 분노한다. 법적 아내는 속내를 털어놓는 친구, 더 나쁘게는 소임을 다한 세간살이로 전락한다. 어린 새 애인도 나이 차이가 정말 많이 나는 경우에는 간병인이나 베이비시터 역할을 떠안을 위험이 있다.[10]

50세가 넘은 여성들에게 뭐가 남지? 비탄에 젖은 19세기의 과부들, 과거의 올드미스들과는 사정이 전혀 다르지만 안쓰럽기로는 뒤지지 않는 고독이 남는다. 이 고독은 1960년대 성 풍속 혁명 이후에 등장한 것이다. 성 해방은 쾌락의 평등을 약속했지만 실상은 불평등이 지속되고 있다. 차고 넘치는 관능이 모두에게 약속되었으나 아직도 제2의 성 대다수에게는 위험하기 짝이 없는 파행 아니면 처절한 사막밖에 없다.

이 여성들은 이미 연애 시한이 지났다고 생각하기 때문에 혼자 살려고 한다. 여성이 남성보다 평균 5년은 더 살기 때문에 혼자 사는 여성 노인의 수는 실제로 더 많다. 평균 수명도 불평등하다면 불평등하다(하지만 여성들이 노동 시장에 진출하면서부터 남성들과 마찬가지로 술, 담배, 스트레스 등에 노출되고 있다). 여성이 더 오래 살고 자유롭게 혼자 사는 편이지만, 남성은 혼자는 도저히 못 사는지 사별 후에도 재혼을 서두르는 경향이 있다.[11]

그렇지만 상황이 변하고 있는지도 모른다. 일단 프랑스의 마크롱 대통령은 자기보다 스물네 살이나 많은 여성과 결혼했다. 마크롱이 시대정신을 크게 바꿔놓은 부분이 있다면 그건 바로 그의 결혼 생활일 것이다. 풍속이라는 면에서 엘리트가 모범을 보인 셈이다. 문학, 영화도 나이 든 여성과 젊은 남성이 짝이 되는 예를 점점 더 보여주고 있다.

이제 나이 든 여성들은 그 또래 남성들이 으레 그러듯 때로는 실연의 위험을 무릅쓰고라도 연애를 추구한다. 연애라는 영역에서 재산이나 지위는 누구나 사랑할 만한 사람으로 만드는 이유가 된다. 그래서 돈이나 명성이나 지위를 차지한 여성은 누군가를 얻게 될 기회가 좀 더 많다. 하지만 그런 여성도 나이 많은 남성들과 마찬가지로 오해, 실망, 돈을 노린 사기, 조종에 걸려들 위험이 농후하다.[12]

늙은 악동이 롤리타와 놀아나고 늙은 여성이 젊은이와 어울리는 것은 정상이다. 그러한 끌림의 원동력이 순전히 감정적인 것만은 아니지만, 이해관계와 직업상 특혜와 그 외 더 석연찮은 동기가 있다지만, 그래도 연애가 성립한다는 사실 자체는 달라지지 않는다. 나이 차이가 아무리 많이 나는 커플이라고 해도 도리에 맞지 않는다는 이유로 연애를 금지할 수는 없다.

이성애 커플이든 동성애 커플이든 파트너 사이의 나이 차이가 빈축을 사는 이유는 그 나이에도 욕망이 존재한다는 것을 부끄러워해야 한다는 통념 때문이다. 나이가 어느 선을 넘어가면 젊은이들의 길잡이나 후견인, 가부장 역할에 충실하라는 요구를 받기 마련이다. 세상은 이제 젊지도 않은 이들이 자중하기를 바라고, 그들의 욕망을 마뜩잖게 바라보며, 아름다움을 취하려는 탐욕을 비난한다. 그리고 이런 면에서 자연과 편견이 여성에게 한층 더 가혹한 것이 사실이다.

일반적으로 누군가가 욕망의 대상이 될 가능성은 보험회사가 정하는 목숨값과 마찬가지로, 예상되는 사망 시기까지의 여력에 비례하므로 나이가 들수록 낮아진다.[13] 아기는 60대 남

성보다 목숨값이 훨씬 높다. 미국인은 아프리카인이나 아시아
인보다 목숨값이 높게 책정된다. 우리는 나이가 들수록 계속
가치가 떨어지는 자산이므로 어느 선을 넘어서면 중고차 취급
을 받고 값이 떨어진다. 이제 막 시작하는 생은 끝나가는 생보
다 더 '값'이 나간다. 그렇다고 끝나가는 생이 아무 가치도 없
다는 뜻은 아니다. 노인들을 보살필 필요가 없다거나, 일부 맬
서스주의자들이 환경보호를 앞세워 주장하듯이 65세 이상은
장기 이식도 해주지 말자는 얘기가 아니다.[14]

노년은 1960년대 성 해방을 확고하게 만든 기나긴 거부의
역사에 마지막 한 장을 보탤 뿐이다. 나이 든 사람들은 세상
모든 연애 낙제생들이 경험하는 거절의 아픔을 똑같이 겪는
다. 알아두자, 배척의 불행은 일찍부터 시작된다. 사랑은 '시장'
이라는 단어와도 잘 어울린다. 이 장사를 하다 보면 저마다 외
모, 사회적 지위, 재력에 따라 점수가 매겨진다. 잘나가는 사람
은 구혼자를 떼로 몰고 다니지만 안 풀리는 사람은 거절만 쌓
여간다. 그들은 실연의 단골손님, 태어날 때부터 병풍 신세다.
가수 쥘리에트도 이렇게 말하지 않았나. "나로서는 어쩔 수가
없었어요. 난 미숙했고 배짱도 없었어요. 그냥 대충 넘어갔고
절대로 잘될 리 없다는 것도 알았죠. 나는 비참이 뭔지 알아
요. 난 외톨이예요."[15] 남성 혹은 여성의 매혹은 단순히 개인의

취향이라고 하기에는 꽤나 가혹한 법칙을 따른다. 자유연애를 표방하지만 실상은 결코 대놓고 말하지 않는 이런저런 암묵적 금지가 있다.

매정한 거절은 나라 탓, 사회 계급 탓도 아닌 오로지 자기 탓으로 생각할 수밖에 없다는 점에서 특히 고약하다. 서양에서 성은 원칙적으로 모두에게 열려 있으나 성생활이 막혀 있는 사람은 많고도 많다. 표면적인 자유가 어둠에 가려진 자들, 고독과 비참을 체념하고 받아들인 자들은 딱하다. 우리 사회는 늘 어디서나 성적 희열의 좋은 기운을 찬양함으로써 그 기운을 누리지 못하는 자, 독거인, 노인, 쾌락의 권리를 박탈당한 자, 열락의 향연에 초대받지 못한 자 들을 한층 더 비참하게 만든다. 쾌락주의를 유일한 규범처럼 떠받들기 때문에 그들의 좌절은 더욱 크다.

20세기 후반부터 시작된 자유연애와 성 해방은 가장 약한 자들과 여성에게 너무 잔인했다. 그들은 그 판에서 패자일 수밖에 없었다. 쫓겨난 자들이 이 판을 엎으려고 할 때도 있다. 자기들이 당한 차별을 고발하고 저항하는 것이다. '노인차별주의'는 그중에서도 으뜸가는 차별이다. 남성, 여성 가릴 것 없이 노화를 두려워하는 사람이 보이는 징후가 뭔지 아는가. 가까운 사람들의 신체적 결함을 낱낱이 뜯어보면서 자기는 그렇게 되지 않으리라는 희망을 품는 것이다. 늙어가는 사람들은 자기가 얼마나 늙었는지 알고 싶어서 서로의 모습을 악착같이 분석한다.

50세 넘어서 극복해야 하는 터부가 뭘까? 그때부터는 외설 행위보다 '우스운 꼴'이 더 무섭다. 뭡니까, 아직도 그러고 살 아요? 아직도 충동과 욕망에 매여 삽니까? 한바탕 웃어야 할 지 화를 내야 할지 모를 일이다. 욕정에 빠진 할머니도, 흉측 한 늙다리도 반감을 사기는 마찬가지다. 그런 사람들에게 성 은 계제에 안 맞는 일, 흔적조차 남기지 말고 치워야 할 짓거 리다. 나이가 들면 정념의 혼란에서 비로소 자유로워진다는 믿음은 얼토당토않다. 60세에도 20세처럼 사랑할 수 있다.

우리는 변하지 않건만 우리를 바라보는 남들의 시선이 변한 다. "노년의 비극은 아직 젊다는 데 있다"고 오스카 와일드는 말했다. 같은 감정, 같은 번민, 같은 열망이지만 달라진 것이 하나 있다. 우리의 요구는 이제 금기시된다. 심장은 15세 때나 70세 때나 얌전하지 않기는 마찬가지지만, 70세에도 그러고 있으면 안 되는 거다. 노인은 젊은이처럼 미끈하고 멋지지 못 해 괴롭지만 그 괴로움은 계제에 맞지 않는다.

2019년 봄, 60세의 마돈나가 자신의 가슴 사진을 인스타그 램에 올렸다. 팬들은 환호했지만 팬이 아닌 사람들의 반응은 미적지근했다. 추잡스러운 노출증을 운운하는 사람도 있었고, 나잇값을 못한다는 사람도 있었다. 어떤 프랑스 네티즌은 이렇게 말했다. "우리 할머니는 절대로 저러지 않을걸요!" 하지만 할머니들이 자기 몸을 부끄러워하지 않고 과감히 노출하는 것도 진보라면 진보 아닐까?

노년은 이중의 유토피아를 구현한다. 부정적으로 본다면, 죽음의 대기실이다. 긍정적으로 보면, 마침내 내면의 혼란과 성욕에서 자유로워지는, 있을 법하지 않은 공간이다. 일정한 나이가 지나고 나면 해 질 녘 들판에 땅거미가 내려앉듯이 감각의 평화가 내려앉는다. 아가씨는 시들고, 아폴론 같던 청년의 몸에는 살이 붙는다. 머리가 벗겨진 슈거대디, 이제는 지쳐버린 플레이보이, 소싯적에 남자깨나 울렸던 미녀는 비록 퇴색했을지라도 이제 나이가 들어 초연해졌으니 괜찮다. 그 나이에는 프로이트가 강조한 온 인류의 꿈, 즉 성욕의 제거, 남성 혹은 여성으로 분화되기 이전 그 기적적인 상태로의 열망을 비로소 이해하게 된다.[16] 우리 모두 금욕을 내심 원하기 때문이다.

우리는 금욕을 향한 바람을 평안의 낙원에 들어간 노인들의 얼굴과 하얗게 센 머리에 투영한다. 우리도 그들처럼 감정의 동요 없이 모든 정념을 다스리는 기분을 느끼고 싶다. 고대 로마의 신학자 테르툴리아누스도 "쾌락을 혐오하는 것보다 더 큰 쾌락이 있겠는가?"라고 했다. 세네카도 육신의 즐거움에서 일찍 졸업하라고 권했다. "열락은 덧없는 것, 금세 사라지고 혐오를 남긴다. 욕정을 열렬히 채울수록 열락은 고통으로 빨리 변해버리고 어김없이 후회 아니면 부끄러움이 이어진다."[17] 1993년에 소설가 아서 클라크는 우리가 영위하는 성생활이 60년 후에는 존재하지도 않을 거라고 했다.[18] 우리가 포기할 수밖에 없던 쾌락이 우리가 죽고 난 후에는 아예 사라진다고 생각하면 위로가 된다.

"노인들은 나쁜 본보기를 보이든가 좋은 조언을 많이 해주든가 둘 중 하나다." 프랑스의 작가 프랑수아 드 라 로슈푸코가 한 말이다. 나이 많은 이들은 과거 선량한 미개인에게 투영된 클리셰들의 총집합이다. 노인은 우리의 탈선을 보여주는 네거티브 사진이다.

비너스 제국으로부터의 탈출

플라톤이 말한 대로라면(《국가》, 329b), 소포클레스는 80세가 되어 "사납고 야만적인 지배자인" 육욕의 포악한 굴레에서 풀려났음을 자축했다고 한다. 그는 자신이 폭군을 몰아낸 백성, 주인에게서 해방된 노예와 비슷한 경험을 했다고 말한다. 키케로는 소포클레스를 인용하면서 자신은 "몰상식하고 무례한 지배자"[19] 비너스의 제국에서 빠져나와 얼마나 행복한지 모르겠다면서 정념의 불안보다 금욕이 좋다고 고백한다. 그는 현자가 감각의 평화 속에서 살고 명예를 갈구하지 않는다고 말한다. 그렇지만 키케로 본인은 이토록 감미로운 조언을 쏟아내는 중에도 열네 살밖에 안 된 소녀 푸블릴리아를 가까이하고 결국 아내로 맞아들였다.[20]

80세는 순결로 귀착되기에 좋은 나이라지만, 빅토르 위고와 피카소는 80세가 넘어서도 다소간 연애를 즐기고 자신의 분방함을 과시했다. 하지만 위대한 17세기의 대모로 유명한 팔츠 공작부인은 여성에게 몇 살쯤 욕망이 사라지는가라는 질문에 이렇게 대답했다, "내가 어떻게 알겠어요? 난 80세밖에 안 됐는데." 그냥 농담이라 하기에는 생각해볼 만한 진실이 숨어 있다. 예술가들, 특히 여성 문인들의 경우를 보라. 시도니-가브리엘 콜레트는 스물세 살 어린 모리스 구드케와 재혼했고, 마르그리트 뒤라스는 자기보다 서른여덟 살이나 어린 얀 앙드레아와 함께 살았다(그는 뒤라스의 유언집행인이었고 그들이 함께한 삶에서 결코 벗어나지 못했다). 도미니크 롤랭과 필리프 솔레르스도 스물세 살 차이였지만 애착, 정념, 질투의 아름다움을 나이 들어서까지도 놓치지 않았다.

리비도를 기적이라기보다는 현대인의 꿈을 거스르는 골칫거리처럼 생각하는 이들이 많다. 현대인은 그런 것에서 풀려나 자기를 완전히 지배하고자 한다. 불교에서도 욕망은 고통이라고 하지 않는가. 욕망은 자기에게 없는 것을 간절히 바라는 것이다. 천국에 속히 이르고자 스스로 거세까지 했다는 3세기의 영지주의자 오리게네스처럼 극단적인 행동은 아니더라도, 젊어서부터 자기 안의 불을 꺼뜨리려는 선택은 있을 수 있다.

초기 그리스도교도가 구원을 얻고자 실천한 "육신의 포기"(피터 브라운)가 영감을 주기도 한다. 성 암브로시우스는 남성 혹은 여성으로 태어났다는 사실, 즉 성이라는 숙명의 흉터가 우리를 영광스러운 그리스도, 곧 완전함에서 멀어지게 한다고 했다(미국에서 들어온 젠더 이론도 프랑스 문화권에서 기원하는 성화sexuation와 육체에 대한 증오를 시대에 맞게 다시 쓴 것일 뿐이다). 오직 금욕만이 창조주와 타락한 피조물의 경계를 없앨 수 있다.

남성이든 여성이든 나이가 많아지면 매혹적인 뺄셈의 시기로 접어드는 모양이다. 그들이 겪어온 감각의 아수라장을 세월이 정리해주러 오는가 보다. 무람없는 성애의 가장 좋은 치료제는 노년의 행복에 있을 것이다. 많은 커플이 육체의 평온 속에 늙어간다. 그들은 이제 서로에게 증명할 필요가 없으니 시연하지 않아도 된다. 이런 커플이 많지만 모두 그렇지는 않다. 60대가 되면 성욕이 거짓말처럼 사라진다든가 하지는 않는다. 원기 왕성한 사람은 70대, 80대에도 강렬한 욕구를 느끼곤 한다. 모두가 이 짐을 내려놓고 안도하지는 않는다. 사는 동안 육체적 쾌락을 최대한 오래 가져가고 싶어 하는 사람들도 있다.

적어도 두 종류의 행복이 있다. 차분하게 가라앉은 행복과 아직도 뜨거운 행복. 전자는 괴로움이 없고 후자는 강렬한 만족을 추구한다. 한 사람 안에서도 그날그날, 시시각각 이 두 행복이 갈마든다. 어떨 때는 아무 긴장을 느끼지 않는 데서 안녕감이 온다. 또 어떨 때는 짜릿한 감각을 추구한다. 일반적으로 전자는 성숙, 후자는 혈기 왕성한 젊음과 결부된다. 그렇지만 "나이가 가져다주는 이 우발적인 뉘우침"(몽테뉴)이 청소년기에도 찾아올 수 있으며 노년기에도 후회 혹은 기적처럼 젊음의 기운이 돌아온다. 여러 유파의 고대 철학자들처럼 육욕을 제거하고 에로스의 폭동에서 영혼이 자유로워지기를 바랄 수도 있다. 반대로, 우리를 지상과 세상의 마법에 다시금 연결해 주는 충동이라는 강력한 힘을 떠받들 수도 있다.

어느 나이든 비옥한 고통과 잠잠한 행복 사이에서 선택을 해야 한다. 그게 참 어렵다. 나이가 들더라도 대놓고 드러내기는 힘든 욕구가 불쑥불쑥 일어난다. 젊음의 수액이 빠질수록 몸뚱이도 얌전해지기는 한다. 그러나 신체가 얼마나 기상천외한 지경까지 갈 수 있는지, 이 몸이 할 수 있는 전부(스피노자)를 우리는 모른다. 우리 안에는 생각보다 여력이 많다. 그래서 어떤 이들은, 미셸 콩타가 말한 대로, 사르트르처럼 자신의 무한한 잠재력을 믿고 "신체의 완전 고용 상태"를 최후의 순간까지 밀어붙인다.

카사노바도 나이를 먹는다

어른이 된다는 것은 욕심의 순서와 위계를 정할 줄 안다는 의미이다. 하지만 거기서 나이가 더 들면 반대로 욕심을 계발하고 늘려나가게 된다. 데카르트는 세상의 이치가 아니라 자기 욕망을 다스리라고 했다. 하지만 욕망은 다스려졌다가도 은밀한 통로로 되돌아오려 하고, 아주 잠깐이나마 세상의 이치도 이겨낸다. 단 미묘한 차이가 있다. 욕망이 어느 선을 넘어서면 반드시 가면 뒤에 자신을 숨긴 채 섬세하게 일을 처리해야 한다. 따라서 타인의 동의를 교묘하게 얻어내야 하고, 프랑스 구체제 때의 표현을 빌리자면 '수작을 걸어야' 한다.

신 페미니스트들이 혐오하는 이른바 갈랑트리galanterie라는 이 낡아빠진 관습이 남성에게나 여성에게나 그렇게 중요했던 적은 없었다. 늙다리가 작업을 걸고 싶으면 젊은이처럼 다짜고짜 직진하는 게 아니라 우아하게 미끼를 던질 줄 알아야 한다. 시니어는 사랑을 얻기 위해 전략을 바꾼 자, 받아들여지기 위해 본심을 감추어야 하는 자다. 그 나이에는 육신의 본능적 욕구를 드러내지 않는 것이 미덕이요, 자칫하면 추잡한 늙은이 소리를 듣는다. 노년의 나쁜 버릇 중 하나는 부끄러움과 검열을 모르게 되는 것이다. 전혀 모르는 사람이 예전부터 알고 지냈던 사람처럼 불쑥 다가와 옆에 앉질 않나, 아주 먼 친척이나 우연의 일치를 들먹이면서 괜히 들러붙지를 않나, 어느 날 길에서 우연히 마주쳤을 뿐인데 아는 사람 행세를 하질 않나.

어떻게 이럴 수가 있지? 나이 차이가 많이 나는 커플을 보면 이런 의문이 든다. 싹싹하고 사랑스러운 아내가 밥맛 떨어지는 남편과 함께 산다. 격정적인 육체가 늙은이 옆에서 잠든다. 미녀와 야수, 팔팔한 아내와 무기력한 남편. 우리의 심미안이 분개하고 희미한 질투심이 일어난다.

50세가 넘어서도 자기가 늙은 건 생각하지도 않고 아직도 아름다운 청년인 줄 착각하는 사람이 너무 많다. 그들은 웬만한 미남을 봐서는 잘생겼다고 생각하지도 않는다. 그래서 욕심나는 대상을 사로잡겠다며 여기저기 추파를 흘리고 다닌다! 하지만 그런 최면술은 안 먹힌다. 그들은 자만에 빠져 매정한 거절조차 유혹의 증거로 받아들인다. "내가 진지하게 마음만 먹었으면 걔는 당장 넘어왔을걸." 그들은 이런 식으로 자기 명성을 지키고 위안도 구한다. 과거에 그들을 띄워주었던 나르시시즘이 이제 그들을 침몰시킨다.

솔직히 말해, 이쪽으로는 남성들이 더 꼴불견이다. 말총머리를 한 영감탱이가 딸뻘, 아니 손녀뻘 여자친구를 끼고 다니면서 친구들 앞에서 영원한 청춘으로 보이려고 얼마나 기를 쓰는가. 의기양양한 미소, 과장된 친절, 허무맹랑한 칭찬을 쏟아내면서 젊은 여자 주위를 맴도는 늙다리가 한둘인가. 그들은 최상급 형용사를 남발하는 데 일가견이 있다. 그들을 낡아빠진 풍속의 증인으로 내버려두자, 어차피 중요하지 않을 테니. 숫공작의 춤도 시간이 웬만큼 흐르고 난 후에는 거세된 수탉의 우스운 몸부림이 된다. 호르몬은 뚝 떨어지고 몸보신하는 탕약만 늘어난다. 뭐, 탕약을 줄인다고 해서 호르몬이 다시 활성화되지는 않겠지만 말이다.

나이가 들어서도 점잖음이고 뭐고 집어치우고 싶은 유혹은 크다. 자기를 잘 돌보지 못한 베이비붐 세대는 이미 구겨질 대로 구겨졌는데도 자기가 팔팔한 줄 안다. 늙는다는 것은 항복이요, 항복은 황무지처럼 돌보지 않고 내버려둔 신체의 쇠약으로 시작된다. 흐르는 세월은 종종 사람을 먹고 마시고 소화하는 기능이 전부인 존재로 전락시킨다. 배 채우기 중독 말고 뭐가 남을까?

프랑스의 소설가 미셸 투르니에는 나이가 들면 부풀어 오르거나 홀쭉해지거나 둘 중 하나라고 했다. 어떤 사람은 나이를 먹으면서 점점 둥글둥글해지고 얼굴이 통통해지며 살이 접히고 잔주름이 두드러진다. 또 어떤 사람은 나무 꼬챙이처럼 말라가고 얼굴은 뼈에 가죽만 씌워놓은 것 같다. 살집은 주름을 감춰주지만 빼빼 마르면 주름이 "칼자국처럼 선명하게 눈에 띄고" 가죽 아래 해골이 어떤 모양인지 훤히 보일 듯하다. 투실투실한 육신의 안락 속에서 늙어가든, 홀쭉해지고 협소해진 몸으로 늙어가든, 빼빼 말랐다가 살집이 많이 붙었든, 뚱보였다가 엄청나게 살이 빠졌든, 현재의 내 모습을 있는 그대로 받아들이기란 생의 어떤 단계에서든 결코 쉽지 않다.

1970년대에 청소년기를 보낸 세대는 인위적인 예의범절보다 자연스러움을 중시했기에 60세가 넘어서도 편안한 옷, 이상한 티셔츠, 닳아빠진 청바지, 미니스커트, 핫팬츠 따위를 무람없이 걸치곤 한다. 그들은 30세 때 교복처럼 입었던 옷을 계속 입고 눈속임을 하려고 한다. 편안한 차림새가 그들에게는 자부심을 드러내는 방식, 시각적인 것의 지배와 외모지상주의를 고발하는 방식이다. 그들은 여전히 젊은이처럼 입고 다니는 데 전력을 다한다. 그들은 이제 늙었고, 그들만 빼고 온 세상이 그 사실을 안다.

과거의 호색한은 아직도 자기가 종마처럼 힘이 넘치는 줄 알고, 남자깨나 후리던 여자는 아직도 다른 여자들이 다 자기를 무섭게 질투하는 줄 안다. 그러나 돈 후안도 허리가 구부정해지고 메살리나(클라우디우스 황제의 세 번째 아내로, 성적으로 문란한 여성의 대명사—옮긴이)도 기력이 쇠한다. 세월의 비극은 차곡차곡 쌓이니, 생판 모르는 사람이 정신이 번쩍 나는 말을 해주기 전까지는 자기가 변했다는 것도 모른다. 사르트르는 여자들이 자신의 못난 모습을 잊기 바라는 마음에서 아름다운 물건들을 선물했다고 말한다.

자신을 뻔뻔한 바람둥이처럼 생각하지만 실상은 허튼소리를 좀 하는 쾌활한 사람에 불과한 경우도 많다. 오스트리아의 작가 아르투어 슈니츨러는 60대 노인이 된 카사노바의 입을 빌려 이렇게 묻는다. "나는 지금도 예전과 똑같은 카사노바가 아닌가? 만약 그렇다면 다른 사람들이 복종하는 이 노화라는 가증스러운 법칙이 나에게는 적용되지 않는 셈 치면 안 될까?"[21] 이것은 전능한 자기중심주의에서 나오는 말이다. 정말이지, 웃어야 할지 울어야 할지 모르겠다.

산다는 것은 자기 자신에게 안주하지 않고 우리에게 힘과 희망을 일깨우는 남다른 이들을 우러르는 것이다. 그런 이유에서 소설보다 전기를 읽고 싶을 때가 있다. 우리는 특히 크게 넘어져 쓴맛을 보고 다시 일어난 사람들의 인생에 매료된다. 그들의 독특한 삶의 여정은 우리의 삶에도 의미와 모양새를 부여한다. 노년을 찬미했던 키케로가 옳았다. 통찰력 없는 자는 연약함과 권태밖에 보지 못하는 노년이라는 이 척박한 공간에도 범상치 않은 이들이 있다. 저 나이가 되면 우리는 어떨까 궁금해서 그들을 열심히 분석한다. 본이 되는 사람은 철학의 모든 원리와 맞먹을 만큼 귀하다.

나이 듦을 생각하는 방식에는 두 가지가 있다. 뛰어내릴 수밖에 없는 절벽처럼 생각하든가, 천천히 끝으로 나아가는 완만한 비탈길로 생각하든가. 물론 점진적 하강에도 기복은 있다. 어떤 노인들은 단순히 오래 살아서가 아니라 그 이상의 이유로 존경을 자아낸다(이마누엘 칸트). 시몬 베유, 클로드 레비-스트로스, 마르그리트 유르스나르를 생각해보자. 위대한 사람들에 대한 찬탄은 역경에 맞서는 그들의 역량과 단단히 결부되어 있다. 그들은 나이와 상관없이, 독창성과 놀라움으로 가득한 생을 살았기 때문에 본보기로 남았다.

창작의 영역에는 놀라운 본보기가 더 많다. 클린트 이스트우드 같은 영화감독은 90대에도 왕성하게 작업하며 클리셰를 박살 내고 있다. 에드가 모랭은 98세에 새 책을 냈고, 포르투갈의 영화감독 마누엘 데 올리베이라는 100세를 넘겨서까지 작업을 계속했다. 천재 피아니스트 마르타 아르헤리치는 80세를 넘었고, 조각가이자 설치미술가 루이즈 부르주아는 죽을 때까지 일했다. 또 다른 피아니스트 마르시알 솔랄은 90세에도 연주회 무대에 섰다. 그들은 단지 존재만으로 허다한 말을 무색하게 하며 우리에게 노년도 썩 괜찮겠다는 생각을 불어넣는다. 노년이라는 먼 대륙의 밀사인 그들은 그곳에서 생은 맥없이 늘어지기만 하지 않는다는 것을, 여전히 생은 가능하고 예측 불허라는 것을 알려준다. 그들은 겁에 질린 반항자 무리에게 길을 열어주는 인생의 선발대다.

극명하게 대조되는 두 종류의 인간이 있다. 남자든 여자든 허풍선이는 늘 자기는 쇠도 씹어먹을 만큼 건강하고, 눈부신 성공을 즐기고, 발기나 오르가슴으로 문제를 겪어본 적이 없으며, 세월의 무게를 전혀 못 느낀다는 식으로 떠든다. 허풍선이는 거드름을 피우며 자기 또래 사람들을 측은하다는 듯 바라보고 그들의 한탄을 비웃는다. 하지만 그는 수시로 응급 상황에 처하고 이런저런 병을 앓는다. 씩씩하게 털고 일어나서 자기는 끄떡없다 말하지만 또 뭔가 문제가 생긴다. 그의 허세에는 뭔가 영웅적인 데가 있다. 이런 사람이 어느 날 갑자기 심근경색이나 암으로 쓰러지면 오래 끌지도 않고 세상을 떠난다. 꺾어지면 꺾어질지언정 운명 앞에 허리를 굽히지 않는 셈이다.

허풍선이의 대척점에는 징징이가 있다. 그는 매일 새로운 병을 발견하고 병원으로 달려간다. 스무 살 무렵부터 당장 다음 주에는 세상에 없을 것처럼 우는 소리를 해왔는데, 그 세월만 40년이다. 이들은 늘 골골대면서도 웬만큼 건강하다는 사람들보다 오래 산다. 징징이는 안 아픈 데가 없다. 사람들이 각자의 자질구레한 불행에 몰두하는 꼴을 못 보는 그는 모두가 자기를

가엾이 여겨주기를 바란다. 남이 무슨 병을 앓든 징징이의 병에
는 비할 것이 못 된다. 남의 암은 그의 류머티즘보다 가벼운 병
이다. 남이 앓는 심낭염은 그의 폐색전증보다 대수롭지 않다.
징징이는 주위 사람들을 다 저 세상으로 먼저 보내고 나서 더
는 자신의 건강 문제를 토로할 친구가 없음을 아쉬워할 것이다.

사랑

죽는 날까지 사랑할 수 있다면

"당신이 믿을지 안 믿을지 모르겠지만
롤라 양은 늘 나이가 좀 있는 남자에게 약했어요.
꼭 그 이유 때문만이 아니라……."
그 여자는 엄지와 검지를 비비면서 말했다.
"……사람이 너무 좋아서 그래요.
나이 든 남자들은 다른 사람들보다
특히 자상하게 대해줘야 하잖아요."
— 하인리히 만[1]

━━━ 1967년에 나온 마이크 니콜스 감독의 영화 〈졸업〉을 지금 다시 보면 뭔가 희한하다. 20세 때는 결혼을 앞둔 더스틴 호프만에게 자연스럽게 감정이 이입됐다. 아직 새파랗게 어린 이 청년은 자신을 유혹해 침대로 끌어들인 로빈슨 부인과 부적절한 관계인데도, 곧 다른 사람과 결혼할 부인의 딸 엘레나에게까지 사랑을 고백한다. 그런데 이 나이가 되어서 다시 보니 로빈슨 부인이라는 인물이 흥미롭다(이 역할을 소화한 배우 앤 밴크로포트는 당시 36세였다). 그녀는 사윗감과 동침했을 뿐 아니라 자기 가정이 깨지거나 말거나 상관없는 듯 보인다. 악역이라면 악역이니, 남편만 속인 게 아니라 자기 나이에 어울리지 않는 상대, 즉 딸의 남자를 가로챘으니 그 죄는 이중으로 무겁다(이 관계는 근친상간과 경쟁 구도의 냄새를 풍긴다).

  이 영화의 풍부하고 섬세한 뉘앙스를 각 인물의 시각에서 다시 살펴보자. 영화는 성장의 어려움, 풋사랑의 권리, 진부한 욕망과는 다른 성숙한 욕망의 권리를 동시에 옹호한다. 마지막 장면에서, 결혼식장에서 도망 나와 환하게 웃으며 버스에 올라탄 두 사람의 얼굴이 갑자기 굳어진다. 진짜 결혼생활은 그때부터다. 그 생활에는 기쁨이 넘치겠지만 위협적인 짐이 가득할 것이다.

  1971년 작품 〈해롤드와 모드〉도 대담하고 파격적이다(이 영화는 일부 국가에서 18세 이상 관람가였다). 캘리포니아에 사는 부잣집 아들 해롤드는 자살에 탐닉한다. 어머니는 아들의 관심을 다른 데로 돌리려고 예쁜 소녀들을 소개하기도 하지만 해롤드는 그 소녀들 앞에서 손목을 긋거나 가짜 칼로 배를 찌르는 자살극을 연출한다. 그러다 그는 톡톡 튀는 괴짜 할머니 모드와 사랑에 빠진다. 80세의 모드는 유대인 수용소의 생존자로, 장례식과 자동차 도난에 관심이 많다. 하지만 모드는 결국 음독 자살로 생을 마무리한다.

여기에 〈42년의 여름〉도 추가해야 할 것 같다. 제2차 세계대전이 한창인 시절, 15세 소년이 낸터킷 섬으로 여행을 간다. 어떻게든 첫 경험을 해야겠다는 생각에 몰두하던 소년은 전쟁통에 남편을 잃은 30세 여인과 사랑에 빠진다. 그 여인은 소년과 하룻밤만 보낸 후 영원히 자취를 감춘다.

청년을 유혹하는 기혼녀, 괴짜 할머니, 첫 경험 상대. 이 세 영화는 각기 다른 방식으로 사랑의 복잡성을 드러내 보였다. 성 혁명이 한창 교조화되던 시대에 젊은 남자와 나이 든 여자의 얽히고설킨 욕망을 탐색했던 것이다.

여러 위기를 겪었는데도 헤어지지 않고 오랜 세월 함께 사는 부부가 많다. 배우자와 헤어진 뒤의 재혼도 나이를 먹으면서 더 해지는 가치인 너그러움 덕분에 가능하다. 평온하든 열정적이든 함께 산다는 것은 서로의 불완전한 모습을 너그럽게 봐주겠다는 의미다. 신체적 기대보다는 정신적 기대가 크다. 허영보다는 따뜻한 정과 공감이 더 중요하다.

달리 말하자면, 욕망의 불공평함을 해결하기 위해서는 여성의 경제력과 정치력을 강화하는 동시에 세월의 흔적을 바라보는 우리의 시선을 바꾸어야 한다. 넋두리 비슷한 문학보다는 인터넷에서, 특정 웹사이트들에서, 익명의 정보와 네트워크를 통해서, 차분하지만 숨김없이 말하는 새로운 여성의 섹슈얼리티를 발견할 수 있다. 웹에서는 모든 것이 허용되고 실명이 노출되지도 않기 때문에 드러내기 힘들었던 바람들이 부끄러움 없이, 짜릿한 간가을 원하는 모든 나이의 파트너를 상대로 표현될 수 있다. 소울메이트도 찾지만 그냥 한번 할 상대를 찾기도 한다. 소셜네트워크는 그런 면에서 사고방식을 급격히 바꿔놓았다. 남성, 여성 할 것 없이 궁극의 방종에 빠지려면 빠질 수 있다. 그들은 생에 지쳤으나 매력을 발휘할 줄 알고 비호감

요인을 색다른 욕망의 자극제로 둔갑시킬 줄 안다.[2]

나이 많은 이에게 매력을 느끼는 사람이 늘 인구의 일정 비율만큼은 있을 것이다. 그러한 성향을 폐허에서 느끼는 고결함, 과거의 광휘와 감미로운 쇠락의 추억 정도로 말해두자. 영원은 여기서 불안정한 것의 매력을 발휘한다. 푸석해지는 피부, 우아하고 미세한 상처, 시간이 새겨놓은 형태의 매력을. 심미안에 거슬리는 것이 욕망으로 도치될 수 있다(사드의 모든 작품이 증명하지 않는가. 그는 혐오가 선호로, 나아가 열락으로 변신하는 양상을 보여준다). 어느 사회에나 황혼을 맛보는 사람들은 존재한다. 그들은 나이 든 사람과 짝을 맺기를 좋아한다. 나이 든 사람 곁에서는 안심이 되고, 비교가 두렵지 않으며, 위안을 얻고, 정신적으로 넉넉해지고, 상대의 전문적 식견에 흠뻑 빠지거나 명석하고 지적인 대화를 나눌 수 있기 때문이다.[3]

붕괴에는 아름다운 면이 있다. 나이가 얼굴을 망가뜨리기보다는 성스럽게 차별화할 수도 있다. 신체의 모든 부분이 같은 모양새로 늙어가지는 않는다. 피로에 찌든 얼굴에 청년의 미소가 떠오르는가 하면 아이의 얼굴에서 나이를 가늠할 수 없는 눈빛이 보이기도 한다. 어떤 아기는 젖꼭지를 빠는 노인을 닮았고 어떤 노인은 어린애처럼 순진하기만 하다.

백발의 왕관을 쓴 사랑이 더 많아지기를.

나이 차이가 많이 나는 연인에게서 우리는 무엇을 기대할까? 연장자는 자기 나이를 상대에게 약간 넘기고, 그 대가로 젊음의 싱그러움을 얻는다. 연륜과 미성숙의 교환이라고 할까. "내 성격도 그렇고, 젊은 날의 나는 명성이 높은 여성에게 열중해 있었다. 그리하여 오랫동안 억눌렀던 연정의 꽃다발을 그녀의 발치에 바치게 됐는데, 그녀가 나보다 나이가 많았다는 점에서 난 정말 운이 좋았다고 생각한다." 프랑스 작가 가브리엘 콜레트의 마지막 남편 모리스 구드케는 이렇게 썼다. 그들이 처음 만난 1925년 4월에 콜레트는 52세였고 모리스는 36세였다. 그들은 1935년에 결혼했고 콜레트는 1954년에 죽었다(모리스 구드케는 그로부터 5년 후에 상다 당코비치와 재혼해서 아이를 하나 두고 살다가 1977년에 죽었다).

"남자 천사와 여자 천사의" 열정적 사랑이었다는, 작가이자 비평가 필리프 솔레르스와 도미니크 롤랭의 관계를 생각해보자. 그 커플도 여자가 스물세 살이나 더 많았다. 해소되지 못한 오이디푸스 콤플렉스인가, 부재하는 아버지 찾기인가? 사라진 어머니 찾기? 입문의 인도자로서의 여성? 피그말리온 효과? 글쎄, 그럴지도 모른다. 그러면 또 어떤가. 정신분석적 순수성을 증명해야만 사랑의 연회에 들어갈 수 있는 것은 아니다.

회춘이나 새로운 욕망이 대상의 문제만은 아니다. 욕망만이 영혼과 마음을 도로 젊게 한다는 사실을 이해해야 한다. 욕망은 끊임없이 우리를 다시 태어나게 한다. "노년? 거짓말이었어요. 그건 잿더미의 길이 아니라 잉걸불의 길입니다." 생-종 페르스는 이렇게 썼다. 유토피아적 이상주의자 샤를 푸리에의 《사랑이 넘치는 신세계》에서는 원예밖에 모르고 신선처럼 사는 80세 노파 위르젤이 20세의 청년 발레르를 좋아한다. 발레르는 순전히 고마운 마음과 의리 때문에, 또한 위르젤 덕분에 원예에 입문한 입장에서 모종의 야심을 품고 그녀와 연인이 된다. "젊음은 충분한 자극이 있을 때 사랑에 저돌적이다." 젊음과 늙음 사이의 당연한 부조화를 뛰어넘어 편견 없이 공감과 조화를 꾀하는 것이 중요하다. 젊은이들은 나이 많은 사람 곁에서 '애정에서 우러난 헌신'을 서로 경쟁하고, 늙은이들은 젊은 사람의 속내 어린 고백에 귀 기울이고 그들의 매력을 어루만진다.

상사병이라는 의미로든 흥분이라는 의미로든 강렬한 감정을 느끼고, 기회를 잡고, 쾌감을 느끼고, 연애운이 터지고, 세상의 선의를 만끽할 권리가 50세 이하로 한정되지는 않는다. 야망이 너무 크다 싶을 때조차 문을 닫기 전까지는 할 일이 많이 남아 있다. 특히, 무의식적으로 하던 일들을 기적처럼 다시 발견하는 자세가 중요하다. 젊을 때는 힘이 남아돌아서 생각 없이도 척척 해냈던 일이 나이가 들면 예전 같지 않다.[4]

어쨌든 우리는 기뻐해야 하지 않을까. 남성은 정력이 떨어질까 봐 전전긍긍하고 여성은 성욕 감퇴를 걱정하지만, 의학이 발기부전 치료제와 여성용 성욕 증진제 개발에 힘쓰고 있으니 말이다. 여성들이 사랑이 없어 외롭다고 탄식할 때 남성들은 이에 화답하듯 예전 같지 않은 성욕과 전립선의 문제를 안타까워한다.[5] 물론, 기적의 해법은 없고 반박할 수 없는 사태만 있다. 나이가 들면 성애라는 영역에서 루틴에 불과했던 것도 아주 귀하고 드문 것이 된다. "사랑은 하나도 중요하지 않아요. 어차피 무한정 할 수 있으니까"라고 극작가 알프레드 자리는 말했다. 나이가 들면 그렇지 않다. 모든 행위가 하나하나 기적 같다. 이성은 우리에게 그 세상에서 물러나라 하고 육욕은 마지막으로 한 번만 더 애정과 쾌락의 불을 질러보라 한다.

그러나 이따금 회춘하는 마음은 다른 시간에는 대개 죽어 있는 마음이기도 하다. 마지막까지 큰 기쁨을 바라면 큰 고통의 위험도 떠안는다. 그래서 마지막 사랑은 비극이다. 거칠게 닫힌 문처럼 사랑하는 이가 우리에게 영원히 닫히고 모든 희망은 사라진다. 이제 다른 사랑은 없으리. 다음은 없으리.

시인 폴 발레리는 편집자 잔 로비통과 헤어진 후 이런 편지를 보냈다(장 부알리에라는 필명을 쓰기도 한 잔 로비통은 두 번의 세계대전 사이에 여러 유명인에게 구애를 받은 매력적인 여성이다). "나와 죽음 사이에 당신이 있다고 믿었습니다. 이제 보니 내가 당신과 삶 사이에 있었군요." 마지막 사랑은 첫사랑의 아픔마저 앗아간다는 점에서 고약하다. 20세 때는 버림받거나 배신당하면 죽고 싶다는 생각이 들 만큼 사람이 피폐해진다. 마지막 사랑은 그 피폐함, 참을 수 없는 눈물, 완전한 실의마저 아쉽다. 마지막 사랑의 끝은 소리 없는 붕괴다. 숨겨진 늙은 애인은 남들이 보기에 감동적이지도 않다. 그냥 그로테스크하게 보이고 음이 안 맞는 피아노처럼 거슬릴 뿐이다. 어차피 그렇게 될 줄 알았으면서! 자기보다 한참 어린 사람을 사귀면서 도대체 뭘 바랐는데? 아니, 거울도 안 보고 살았나?

더는 괴로워하지 않을 것이다. 더는 가슴을 두근거리며 그 사람을 기다리지 않을 것이다. 전화도, 만남도 기대하지 않을 것이다. 그 사람에게 당하는 일이기에 싫지 않았던 멸시, 상처 주는 말, 잔인한 행동도 이제는 참지 않을 것이다. 상대의 심술, 기만까지 어여삐 봐주었건만 단순히 같이 있고 싶은 마음마저 무시당할 만큼 스스로 낮아지지 않았던가. 세상에서 가장 숭배했던 존재가 이제 당신이 싫어졌다며 떠났다. 당신에게는 그 사람이 전부였는데 그 사람에게 당신은 스쳐 지나가는 한 단계, 임시방편이었을 뿐이다. 그 사람은 노인의 나라에 유람 와서 연애 감정을 맛보았을 뿐이고, 당신만 그 연애에 목숨을 걸었다. 그 사람이 젊음을 빌려준 덕에 당신은 잠시 회춘했다.

결정 작용의 짧은 순간에는 시간이 할퀸 상처도 추방의 표시가 아니었건만 이제 다시 그 표시가 뼈저리게 다가온다. 우리가 만나는 한 사람 한 사람이 가능한 세계라면, 마지막 사랑은 가능한 모든 세계가 끝났다고 쐐기를 박는다. 떠난 사람은 구체화된 불가역성이다. 당신은 순진하게도 운명을 이겨 먹고 조금 더 전율을 누릴 수 있으리라 생각했다. 그러나 나이가 다시 당신 발목을 잡았다. 누구나 겪는 일을 어찌 혼자 피해가겠는가. 이제 극단적인 음란과 극단적인 수줍음 사이를 왔다 갔다 하며 어질어질할 일은 없으리라. 목숨도 아깝지 않았던 그 모든 것을 떠나보낸다. 기다림, 미소, 흐느낌, 경련, 흥분, 절망까지도 이제 안녕이다. 잉걸불은 재가 되었다.

죽는 날까지 사랑할 수 있다면

연애 결혼의 위기는 변하기 쉬운 마음뿐만 아니라 늘어난 수명과도 관련이 있다. 지금 20세에 결혼하면서 평생 배우자만을 사랑하겠다고 하는 서약은 평균 수명이 25~30세밖에 되지 않던 17~18세기와 전혀 다른 의미를 지닌다. 지금 이 서약은 족히 60년을 함께 살겠다는 의미다. 부부 사이가 멀어지는 것도 민감한 문제지만 재혼도 법적으로 쉬워졌다. 민주 국가에서 이혼은 간단하지만 비용이 많이 드는 절차일 뿐이다(지금은 온라인으로도 이혼 신청이 가능한 국가들이 있다). 55~60세를 지나면 자식들은 대부분 성인이고 은퇴는 기정 사실이 되므로 새로운 지평이 열린다. 새로운 관계를 향해 떠나고 싶다는 바람으로 이성이 흔들리는 사람이 어디 한둘일까. 배우자와는 30세에 갈라설 수도 있고 60세에 갈라설 수도 있다. 갈라서기를 원하는 쪽은 주로 여성들이다.

진한 포옹이든 수줍은 애무든 중요하지 않다. 핵심은 이제 행위가 아니라 뜨거운 공감, 합의된 포기에 있다. 신화인지 현실인지 모르겠으나 통계를 보면 성생활을 즐길수록 오래 산다고 한다. 뭐, 이쪽으로는 조심해서 나쁠 게 없지만 일단은 희소식이다.[6] "나는 74세인데 요즘처럼 성생활이 만족스러웠던 적은 없답니다." 21세기 초에 영화배우 제인 폰다가 한 말이다. 그녀를 축하해주고 그 말을 믿어보자. 한 가지는 확실하다. 사랑은 어느 나이에나 우리를 각성시키고 우리의 존재를 정당화한다. 나는 상대를 소중히 여김으로써 그의 창조자가 되고 상대는 상대대로 나의 창조자가 된다.

"사랑한다는 말은 '너는 죽지 않아'라는 뜻이죠." 철학자 가브리엘 마르셀이 참 잘 말해주었다. 사랑은 타자의 존재를 기뻐하고 나 또한 살아 있음으로써 상대에게 매일 그 사실을 말해주는 것이다. 삶의 낙을 맛보고, 하루하루를 허무에서 건져내고, 일상의 지지부진한 모습을 바꿔놓으려면 둘이 딱 좋다. 당신은 오늘 무엇을 했는가? 딱히 한 일이 없더라도 사랑하는 사람을 곁에 두고 하루 일을 세세히 늘어놓느냐 혼자 곱씹느냐는 완전히 다르다. 어느 때라도 우리가 읊조리는 불행과 비참을 따뜻하게 들어주는 이는 필요하다. 어느 때라도 우리는 타자를 경청하고 위로와 조언을 전하는 사람이 될 수 있다.

좋아하는 것들을 공유하고 소소하게 마음을 써주는 자세가 벼락같은 고백보다 더 단단히 커플을 묶어준다. 인간사의 덧없음이 이때만큼 와 닿고 감정을 건드리는 때가 없다. 사이 좋은 커플은 대화가 끊이지 않고 독서, 여행, 사람들과의 친교를 함께한다. 그러면서도 각자의 '성역'은 있다. 자기가 가장 소중히 여기는 것, 가장 애틋한 것, 가족, 아이들, 친구, 사랑. 그 성역이 없으면 그 사람은 죽을 것이다. 핵심은 간간이 의심과 우울을 피할 수 없을지언정 항상 열정을 지키는 것이다. 눈이 욕망으로 빛나고 손이 애무하며 입술이 키스하는 한, 비록 나이가 여든이 됐어도 심장은 새것처럼 가슴 속에서 박동하면서 생의 활력을 우리에게 불어넣는다.

젊은데도 쾌락보다 금욕을 선택하고 스스로 육욕을 삼가는 연습을 할 수도 있다. 그러다 불꽃이 사그라들고 이제 욕망이 과해서가 아니라 아무것도 썩 내키지 않아 문제인 시기가 온다. 몸의 경직은 마음의 경직을 예고한다. 스토아주의가 추구하는 평정심, 감정에 휘둘리지 않고 "아무것도 바라지 않되 아무것도 두려워하지 않고"[7](세네카) 그저 자기 자신으로 족한 존재가 되려는 의지는 안타깝게도 궁극의 극기가 아니라 그저 음울하고 밋밋하게 묘사된 생의 끝일 뿐이다. 17세기 고전주의 시대 사람들은 정념에 휩쓸려 위엄을 잃고 혼란에 빠지는 것을 두려워했다. 우리는 감각의 파산을, 욕망이 말라붙어버리는 것을 무엇보다 두려워한다.

이건 자제력의 문제다. 나이를 먹으면서 늘 자제력을 발휘했기 때문에 어느덧 다스려야 할 욕망은 없고 깨워야 할 욕망만 있다. 과거에는 욕망을 지나가는 자리마다 모든 것을 쓸어버리는 급류처럼 묘사했다. 따라서 둑을 쌓고 댐을 세워야만 했다. 그런데 어이할까, 그 거센 물살이 줄어들어 늘 수위가 오락가락하고 걸핏하면 말라붙는 실개천이 되었다. 다시 한번 누군가에게 애정이 싹트는 모습을 볼 수 있다면, 죽는 날까지 사랑할 수 있다면 전부를 내어놓지 않을까?

시간 속에서 사랑이나 우정을 통해 영원을 경험한 사람은 존재에 바짝 다가간 기분을 느껴보았을 것이다. 진짜 비극은 언젠가 사랑하고 욕망하지 못하게 되는 것, 우리를 세상과 타자에게 다시 연결해주는 두 개의 수원水原이 말라버리는 것이다. 성의 반대는 금욕이 아니라 생의 피곤함이다. 위대한 성인 아우구스티누스가 말한 대로다. "제게 순결을 주시되 당장 주시지는 마옵소서." 생은 자신에게 예스라고 외친다. 존재는 무존재보다 귀하고, 욕망은 무욕보다 낫다. 에로스와 아가페가 침묵하면 타나토스가 벌써 이긴 거다.

그들은 눈에 띄지 않게 우리 곁을 지나간다. 한 걸음 한 걸음 어렵게 내디디며, 존재하는 것조차 미안한 듯 몸을 움츠리고 꿋꿋이 나아간다. 그들은 연약해 보이고 또 왜 그리 비틀거리는지, 당장이라도 부서질 것 같다. 눈도 잘 안 보이고, 귀도 잘 안 들리고, 몸을 떤다. 그들은 역, 병원 대기실, 관청에서 기다리는 동안 수시로 벽시계나 손목시계를 들여다보고 늘 신경을 곤두세운다. 마음대로 안 되는 일, 사소한 기술적 어려움에 그들은 질겁한다. 장보기, 빵이나 우유 사기, 장바구니 들기, 비밀번호 입력하기, 현금인출기에서 돈 뽑기가 고역스럽다. 외출, 산책은 매번 위험을 동반한다. 그들의 주머니를 털고 싶다면 몇 번 툭툭 치고 한두 마디 건네는 것으로 족하다. 언성만 높여도 그들은 정신을 못 차리고 벌벌 떤다. 버스나 지하철을 타고 어디 다녀오는 것도 그들에겐 큰 시험이다. 갑자기 경로가 바뀌거나 이상한 길에 들어섰다가는 골치 아파진다. 계단은 오르는 것도 내려가는 것도 고행이다. 중간에 멈춰 서서 숨을 돌리지 않을 수가 없다. 가장 약한 자들에게 긍휼을!

부부 둘 중 한 사람이 먼저 떠나면 어떻게 될까? 둘 다 나이

들었다고 해도 약한 사람들끼리 서로 도우니 힘이 될 뿐 뭔가 새로운 약점이 추가되는 것은 아니다. 아내는 남편 안에, 남편은 아내 안에 있다. 그들은 나무뿌리처럼 서로 얽히고설켜 두 개의 얼굴, 두 개의 이름을 지닌 한 사람이 된다. 그래서 이 사람의 고통이 저 사람에게도 고통이 된다. "아내의 다리에 통증이 생기면 내가 아프다"고 에스파냐의 철학자 미겔 데 우나무노는 멋지게 말했다. 한 사람이 중병이 들면 다른 사람도 그 뒤를 따르기로 하고 둘은 함께 죽을 결심을 한다.

2007년 9월, 작가 앙드레 고르는 불치병에 걸린 아내와 함께 죽기로 마음 먹는다. "당신은 곧 여든두 살이 됩니다. 키는 예전보다 6센티미터 줄었고 몸무게는 겨우 45킬로그램입니다. 그래도 당신은 여전히 매력적이고 우아하고 아름답습니다. 함께 살아온 지 쉰여덟 해가 되었지만, 나는 당신을 그 어느 때보다도 더 사랑합니다."[8] 그들에게 사랑하는 이가 떠난 후에도 세상에 남는다는 것은 상상할 수 없는 일이다.

전에도 그런 커플은 있었다. 전직 상원의원이자 사회주의자인 로제 키요와 그의 아내는 한날한시에 죽기로 하고 그날까지 평온하고 유쾌하게 살아갔다(안타깝게도 아내 클레르 키요는 약을 먹고도 죽지 않았다. 그녀는 2005년에 79세의 나이로 약을 먹고 자신이 좋아했던 작가 버지니아 울프처럼 퀴드롬 호수에 뛰어들어 생을 마감

했다). 둘이서 마지막 여행을 떠날 수 있는데 왜 끔찍한 자연이 단 하나의 소중한 존재를 앗아갈 때까지 가만히 기다린단 말인가? 죽음의 불안에서 도망치는 게 아니다. 소중한 사람이 없는 고독, 살아도 산 것이 아닌 그 상태를 피하려는 것이다. 청춘의 낭만도 있지만 노부부만의 숭고함도 있다. 존 던은 자살이 자기 자신에게 베푸는 사면이라고 했다. 죄는 여러 번 지을 수 있지만 사면은 단 한 번만 가능하다.

기회

죄송해요, 늦으셨습니다

얼마 전 오하이오 시골을 지나다가
기념품 상점에 걸린 팻말들을 보았다.
보통은 '판매 완료'라고 써놓을 텐데
'죄송해요, 늦으셨습니다'라고 적혀 있었다.
바로 그거다. 희망의 묘비가 있다면
저 말을 비문으로 새기면 딱 맞겠다 싶었다.
—조지 스타이너[1]

재능을 타고났다는 정도의 운으로는 충분치 않다.
운이 따르는 재능도 있어야 한다.
—엑토르 베를리오즈

━━━ 　사진작가 브라사이가 전하는 이야기에 따르면, 마르
셀 프루스트는 젊었을 때 에드가 오베르라는 제네바 출신 미
청년에게 홀딱 반했지만 감히 연정을 고백하지 못했다.[2] 그는
프루스트에게 사진을 한 장 주었는데 그 뒷면에 라파엘전파
화가 단테 가브리엘 로세티의 소네트 한 구절이 영어로 적혀
있었다고 한다. "내 얼굴을 보라. 내 이름은 '일어날 수도 있었
던'이다. 사람들은 나를 '이제는 끝', '너무 늦었어', '안녕'이라
고 부른다."

우리가 잡지 않은 기회들

하지 않은 행동, 하지 않은 말, 내밀지 않은 손. 우리는 어떤 사람을, 큰 타격이 되었을지도 모를 어떤 이야기를 놓쳤다. 일어나지 않은 일이기에 상상할수록 망연자실하다. 우리는 기회를 잡지 않았다. 그때 그 자리에서 뭐라도 해야 했다. 두려움, 충격, 수줍음 때문에 우리의 운명이 바뀔 수 없던 순간들을 놓쳤다. 우리 대신 그 기회를 용감하게 잡은 사람들이 원망스럽다. 그토록 심약했던 자기 자신이 용서가 안 된다. 다음에는 절대로 이러지 말아야지. 내 마음에 있는 그 사람에게 깜짝 놀랄 제안을 건네고 말 테다.

우리는 종종 놓친 고기를 한없이 크게 생각한다. 자기 앞에서 걸어가는 한 여인을 보고 이렇게 노래했던 보들레르처럼 말이다. "오, 내가 사랑할 수도 있었을 그대. 오, 그것을 알고 있던 그대였거늘!"[3] 이 생각을 의심해볼 수 있겠다. 우리는 그런 미지의 상대와 가장 험난한 시련을 겪지 않았으니 뜨겁게 끌리는 게 아닐까. 그 시련의 이름은 불확정성의 힘을 지닌 일상이다. 우리를 호리는 저 사람도 세월이 지나면 귀찮은 거머리처럼 느껴질지 모른다. 언뜻 스쳐 가는 저 사람도 또 하나의 환상인지 알 게 뭔가.

사건은 마무리되지 못했을 때만 가슴 아프다.[4] 나이가 들면 우리의 기억 속에서, 일어나지 않은 일들이 그렇게 아프다. 마치 이미 잘려나간 팔이나 다리에서 계속 통증을 느끼는 것과도 같다. 그 원동력은 조건법 과거형, 즉 '~했더라면'이다. 하지 못한 일을 두고 자기연민에 빠지기만 하면 된다. 일어날 수도 있던 일이 실제 일어난 일보다 중요해진다. 가상이 현실을 갉아먹고 평가절하한다. 우연이라는 간헐적 신이 느닷없이 베푸는 위대한 운명을 소망하는 것이야말로 잃어버린 기회를 그리워하는 심리의 전형이다. 스러져버린 욕망들의 수의壽衣가 이미 실현한 야심보다 머릿속을 더 많이 차지한다. 이 사람은 즉흥에 소질이 없다. 어떻게 우연을 축복으로 바꾸는 걸까? 어떻게 예측 불가능한 것을 마법으로 바꾸는 걸까? 이런 의문들이 머릿속을 떠나지 않는다.

너무 늦었다, 너무 일렀다. 실현되지 않은 일만 내처 바라보는 인생들이 있다. 일어날 수도 있었지만 영영 일어나지 않은 일. 어떤 이는 평생을 그렇게 조건법 과거나 전미래前未來로 사는 데 만족한다. 누구나 자기가 이루지 못한 운명, 우울할 때면 유령처럼 불쑥 찾아오는 운명을 이야기로 써볼 수 있을 것이다. 실현되지 못한 기획들의 목록이 펼쳐진다. 교수자격시험을 통과했더라면, 공부를 끝까지 마쳤더라면, 해외로 이주했더라면, 그 사람과 결혼했더라면! 더 나은 삶을 누릴 수 있었는데, 내 팔자가 왜 이렇게 됐지! 가능했을 다른 삶들을 아쉬워하느라 단 하나의 삶, 진짜 자기 삶도 못 사는 사람들이 있다. 뭐든지 지금의 내 팔자보다는 좋아 보인다. 그들은 형편이 안 좋을 때 태어났거나, 시대를 잘못 태어났거나, 결혼을 잘못했거나, 학교를 잘못 골랐거나, 나쁜 친구들을 사귀었다. 그들은 자기 자신에 대해서 생각하고 싶지 않기 때문에 자기가 만나거나 잠시 스친 모든 사람이 실존의 버팀목이라도 되는 양 관심을 쏟고 그들을 부러워한다.

이런 면에서, 역사에서나 평범한 개인의 삶에서나 시간을 지키는 여러 유형이 있다. 편집증이 있는 사람은 상대가 먼저 와서 기다리는지 보려고, 혹시 상대가 1분이라도 늦으면 트집을 잡으려고 약속 장소에 미리 온다. 일어나야 할 시각보다 일찍 울리는 자명종은 정말 귀에 거슬린다. 하지만 그로써 몇 분의 여유가 생기고 약속 직전에 약간의 변수가 생기더라도 시간을 지켰다는 자부심을 누릴 수 있다.

나르시시스트는 원래 약속은 좀 늦어야 하는 거라고 생각한다. 그는 주위 사람들을 짜증 나고 초조하게 만드는 한이 있더라도 자신이 일부러 기다릴 만한 존재임을 확인하곤 한다. 그는 약속을 자주 미룸으로써 자기를 향한 남들의 애착을 느끼고자 한다. 촌각을 다투는 결정적 순간이나 연인과의 약속에서는 더욱더 심하다. 걸핏하면 우유부단하게 미적거리고, 오늘 할 일을 내일로 미루는 게 미덕인 줄 안다. 편집증은 꼼꼼하게 대비함으로써, 나르시시즘은 그냥 무시하는 방식으로, 각자 나름대로 물리적 시간의 절대성에 저항한다. 단 일반적인 신경증은 시각에 맞춰 도착하기를 좋아한다. 시계를 확인할 필요도 없을 만큼 정확하게 도착해서는, 자신을 보고 놀라워하는 상대에게 놀란다.

시간 엄수는 16세기 제네바에서 처음 등장한, 다시 말해 유럽에서 뒤늦게 조성된 생활 태도다. 제네바는 칼뱅주의의 고향이자 시계, 즉 시간 측정 도구의 정밀한 기술이 발달한 곳이다. 시간의 인류학, 시간의 지리학이라는 것이 있다. 특히 유럽 남부에서는 대체로 약속에 15분쯤 늦어도 전혀 문제가 되지 않는다. 오히려 약속 시각을 너무 정확히 지키면 요령 없는 사람, 문화적인 이해가 부족한 사람 취급을 받는다. 19세기 말, 오르세 역에서는 지각 승객들을 위해서 열차 출발 시각을 몇 분 뒤로 미뤄주곤 했다. 섬세한 배려 아닌가.

청춘이 기꺼이 시간표를 무시하는 이유는 남은 시간이 많기 때문이다. 반면, 은퇴자는 여전히 출근할 때처럼 새벽같이 일어나고 온종일 소일거리를 찾아 방황한다. 끼니때만이 그에게 존재 이유를 부여하는 듯, 그는 하루 세 번 그 시간을 초조하게 기다린다. 노동의 굴레가 아직도 그를 속박하건만 노동을 하는 이유, 즉 노동의 내용이 없다.《이상한 나라의 앨리스》에 등장하는 토끼처럼, 자연과 인간을 바라보는 대신 회중시계만 들여다보는 사람은 영원히 "늦었어! 또 늦었어!"를 외친다. 멈추지 않고 돌아가는 초침을 따라잡으려면 숨이 찰 수밖에 없다. 정확한 시각은 사실 정확하지도 않다. 시간은 어차피 매 순간 우리 손아귀에서 달아나고 있다.

그렇다면 역사적으로 때를 맞춘다는 건 어떤 의미일까? 시대를 앞서가야 할까, 시대의 흐름을 타고 가야 할까, 일부러 시대보다 천천히 가야 할까? 혹은, 이 셋을 겸비해야 할까? 때로는 자기 시대, 자기 세대에 뒤처지는 것도 나쁘지 않다. 헬무트 콜 총리는 형제가 많은 집안의 막내였는데 "늦둥이로 태어난 것이 복이었다"고 말하곤 했다.[5] 그는 집안에서 가장 늦게 진학, 결혼, 출산을 경험했다. 요컨대, 다른 사람들의 삶을 먼저 지켜볼 수 있었고 나중에 태어난 이점을 당당히 누렸다. 그런 사람에게는 원대한 미래, 창창한 앞날이 있다. 가장 늦게 도착했다는 사실 하나가 큰 차이를 불러올 수 있다. 때로는 너무 일찍 도착하는 바람에 역사와의 만남을 놓친다. 살아남은 자가 특권을 누린다. 그래서 프랑스 구조주의 세대가 마지막으로 낳은 철학자 알랭 바디우는 70세가 되어서야, 즉 바르트, 푸코, 들뢰즈, 리오타르, 데리다, 부르디외 같은 당대의 거물 사상가들이 죽고 난 뒤에야 어느 정도 명성을 구가할 수 있었다. 그는 이 사상가들을 정리하고 판단하면서 그들에게 병자성사를 지냈다. 그는 그들의 단절을 이어주는 존재였으므로 그들을 파악하고 그들의 종합판으로 보일 수 있었다.

어느 삶이든 다른 삶의 계획이 거부 혹은 배제되었음을 전제로 한다. 혹은 가상의 삶들을 살해한 범죄 위에 지금의 삶이 번성한다고 할 수도 있다. 사건은 치명적이다. 사건은 자신을 대신할 수도 있었을 다른 사건들의 싹을 제거한다. 그래서 뒤늦게나마 그 버려진 가능성들을 다시 붙잡고 심폐소생술을 하고 싶을 만도 하다. 새 출발이 가능하다고, 아직 돌이킬 수 없는 건 아니라고 알고 있으면 뭐 하나. 이미 일어난 일과 일어날 수도 있었던 일은 양립 가능하지 않다. 우리는 무엇을 원하든 간에 자신의 행위에 매여 있다. 두 번째, 세 번째, 네 번째 기회를 잡지 못한 이들에게는 가능성들의 보릿고개가 시작된다. 이제 내밀어주는 손도 없고, 아무 일도 일어나지 않고, 아무런 변수도 등장하지 않는다. 모든 게 정해진 대로, 참을 수 없이 밋밋하게 흘러간다. 그런 식으로 어떤 유명인들은 한동안 소식이 들리지 않는다 싶다가 어느 날 갑자기, 이미 잊힌 사람이 되어서 사망 기사가 뜬다.

시간의 지속은 불확실성을 줄여준다. 그렇지만 때때로, 어느 특별한 순간에는 우리 안에 다시는 경험하지 못할 것 같은 풍요가 있다. 꿈은 끝까지 부담스러운 이 자아, 쇠공처럼 무거운 이 과거에서 벗어나 구원의 일화를 꾀하라고 우리를 닦달한다. "모든 사람은 자기 인생의 의미가 드러나기를 기다릴 권리가 있으니"(앙드레 브르통) 말이다.

너무 늦었다. 우리가 보고, 맛보고, 노래하고, 취하지 못한 이 모든 경이로운 것들은 사라졌다. 우리에게 부드러운 눈길을 던지고 이내 돌아선 그 사람들은 우리가 관심을 쏟지 않았기에 가버렸다. 헛것을 좇느라 사랑해주지도 못하고 쓸데없이 마음고생만 시킨 그녀, 잘 챙겨주지도 못했는데 너무 일찍 저세상으로 떠난 친구, 전에는 귀찮기만 했지만 지금은 한없이 그리운 어머니의 사랑. 이제 시간이 없다! 호시절은 끝났다. 후회가 우리를 갉아먹는다. 다시 살 수 있다면, 스무 살만 더 젊었어도! 우울한 사람은 그렇게 되뇌지만 어이할까. 그는 20년 전으로 돌아가더라도 예전과 똑같이 자기가 옳다는 확신을 갖고 똑같은 실수를 반복할 터이니!

주인공이 시간을 거슬러 올라가 재앙을 막아내든가 치명적인 근친상간을 피하려고 고군분투하는 영화가 얼마나 많은가. (영화 〈백 투 더 퓨처〉에서 미국 소도시에 사는 한 소녀는 미래에서 온 자기 아들과 사랑에 빠진다. 타임머신 오류로 1950년대에 난데없이 떨어진 그 아들은 어떻게든 자기 어머니가 될 여자가 자기 아버지가 될 남자와 사랑에 빠지게 하려고 애쓴다.) 우리는 그저 언젠가 죽어야 할 존재들이다. 역사를 다시 쓰고, 얼굴을 지우고, 사진을 보정하는 것은 독재 체제나 할 수 있는 일이다.

우리는 늘 나중에야 깨닫는다. 조짐이 있었다는 것도 나중에야 안다. 그걸 알았더라면! 예지는 과오를 저지른 후에야 찾아오니 과연 헤겔이 말한 대로 "미네르바의 올빼미(지혜의 상징)는 황혼이 내려앉은 후에야 날아오른다." 그때 위험을 무릅쓰고 결단을 내리지 않았다면 그건 아마 우리가 원치 않았기 때문일 것이다. 후회는 피할 수 없는 만큼 무익하다. 패배주의가 늘 써먹는 알리바이가 있다. 다시 붙잡기엔 너무 늦었다, 긴 여행을 떠나기엔 너무 늦었다, 다시 사랑하기엔 너무 늦었다, 이제 와 내가 뭘 해, 겁쟁이는 그렇게 말한다. 20세든 80세든 하면 된다. 담대함이란 돌이킬 수 없는 숙명에 지지 않는 것이므로.

하지만 '너무 늦었다'도 미처 바라지 않은 놀라운 기회일 수 있다. 간발의 차로 비행기를 놓쳤는데 그 비행기가 이륙 후 사고를 당해 탑승객 전원이 사망했다. 이걸 행운이라고 생각해야 할까, 끔찍한 우연의 일치라고 생각해야 할까? 사고가 날지 모르니 앞으로도 예약해놓은 비행기는 보내고 다음 편을 탈까? 편집증이 있는 사람이라면 원래 비행기를 놓치고 그다음에 탄 비행기가 사고를 당할지도 모른다고 할 것이다.

'너무 이르다'도 마찬가지다. 이 말은 아직 전망이 달라지지 않았음을 뜻한다. 기약은 여전히 미래에서 빛난다. 좀 이르다고 해서 가능성이 줄지는 않는다. 아직 때는 아니지만 기약을 깨뜨릴 정도는 아니다. 아니, 지금은 아니에요. 당장은 안 되겠어요, 라고 여인은 애가 타는 구혼자에게 말한다. 이 상태가 좋아요, 아직은 깨고 싶지 않아요. 조금만 기다려요. 아직 준비가 되지 않았어요. 내가 잠시 꿈을 꿀 수 있게 해주세요.

서두르는 것은 불경하다. 너무 이르다. 이것은 건강염려증 환자의 비극이기도 하다. 새파란 20세 때부터 자기는 죽을 거라고 굳게 믿어온 사람의 비극 말이다. 뭐라도 하나 돋았다 하면 악성 종양을 의심하고, 모기에만 물려도 죽는 줄 안다. 다리에 쥐가 났는데 평생 못 걸을까 봐 걱정하고, 두통을 느끼면 혈관계 질환을 의심한다. 사람들은 이 유치한 두려움을 비웃는다. 하지만 건강염려증은 올바른 예측을 너무 일찍 내린 게 잘못이다. 그가 오늘 짐작한 병명은 먼 훗날 현실이 될 것이다. 단지 너무 일렀을 뿐이다. 자기가 그런 병을 두려워했다는 것도 까맣게 잊을 무렵, 그제야 그 병이 그를 덮칠 것이다. 그는 자신의 오래전 두려움이 들어맞았다는 것을 알고 경악할 것이다.

시간을 나타내는 부사들은 비극 아니면 특수한 희망을 이야기한다. '영영 ~ 없다'는 그런 면에서 애매한 발화다. 일단, 돌이킬 수 없음의 처절한 고통이 떠오른다. 에드거 앨런 포의

〈까마귀〉[6]에서 그 까마귀가 "영영nevermore"이라고 외쳤던 것처럼, 혹은 시몬 드 보부아르의 《상황의 힘La Force des choses》 마지막 장에서 사랑이 영영 떠나갈 때처럼 말이다.

그렇다, 영영 끝이라고 말할 때가 왔다. 내가 옛날의 행복을 멀리한 게 아니다. 그 행복이 나로부터 멀어졌다. 등산로가 나의 발길을 거부한다. 이제 나는 피곤에 취해, 건초 냄새에 취해 풀썩 쓰러질 일이 영영 없을 것이다. 아침의 새하얀 눈밭을 나 홀로 걸어갈 일이 영영 없을 것이다. 남자는 영영 없을 것이다.[7]

하지만 시간의 흐름을 슬퍼하는 고전적인 태도로 '영영'이라는 부사의 심오함을 다 담아낼 수는 없다. 이탈로 스베보가 고발했듯이 '영영 ~ 없다'라는 규약에는 기만적인 데가 있다. 약속의 내용을 보전하기 위해서 위반을 해야만 하는, 거의 신성하다고 할 만한 규약이다. 약속을 지키면 약속 자체는 쓸모없는 것이 되고 약속의 내용도 없어진다. 그는 여기서 실패를 만끽함으로써 규약의 표현 방식을 도치시킨다. 앞에서 봤던 《제노의 양심》 주인공은 오래전부터 마지막 한 개비만 피우고 담배를 끊겠다는 결심을 거듭해왔다. "나는 마지막 담배라는 병에 철학적 내용을 부여하려고 했다. 당당한 자세로, 호기롭게 '이제 다시는 안 피워'라고 선언한다. 하지만 정말 그 말대로 하면 당당하던 태도는 뭐가 되는가? 그 태도를 계속 취하고 싶다면 새로 다짐하는 수밖에 없다."[8]

마지막 한 개비는 자기 자신을 이긴다는 뿌듯함을 동반할 뿐 아니라 "건강하고 의욕적인 미래"를 바라게 하므로 유난히 맛있게 느껴진다. 주인공은 담배를 끊고 흡연이라는 악덕을 영원히 묻어버리기로 결심한 날짜들을 벽에다가 줄줄이 적어놓는다. 1945년 이후 유럽이 토대로 삼았던 '다시는 이런 일이 없도록'이라는 결심이 이 대륙에서 일어난 수많은 학살을 막지는 못했다(가령, 발칸반도 전쟁이라든가). 마치 그 엄숙한 맹세의 절박한 필요성을 눈앞에서 벌어지는 전쟁의 참상으로 새로운 세대에게 다시 일깨워야 한다는 듯이 말이다. 미국의 대통령 토머스 제퍼슨도 냉소적으로 말한 바 있다. "자유의 나무는 수시로 애국자와 독재자 들의 피를 먹고 다시금 무럭무럭 자란다." 평화는 때때로 무력 갈등을 거쳐 더욱 공고해진다. 문명이 성장하려면 늘 위협적인 야만이 마치 산소처럼 필요하다.

'마침내'도 마치 유예된 비난처럼, 애매함을 잔뜩 담고 있기는 마찬가지다. 수십 년이 지난 후에야 추문의 실체가 마침내 밝혀지고, 학살이 마침내 학살로 인정받고, 악이 마침내 백일하에 드러나고, 오랜 법적 투쟁이 마침내 성공을 거둔다. 그 걸

출한 소설가가 마침내 놀라운 재능을 인정받고, 그 유명한 투사가 마침내 받아야 할 대접을 받고, 회사 안에서 모두가 탐내던 자리에 마침내 주인이 정해진다.

하지만 '마침내'가 '너무 늦었다'인 경우도 꽤 많다. 뒤늦은 보상은 씁쓸함을 남기기에 그 보상의 수혜자는 두 번 상처를 입는다. 거의 평생 무시당한 것도 상처지만 누가 늘그막에 뜨고 싶댔나. 이제 와서 그래 봤자 별로 기쁘지도 않다. 잘해줄 거면 진작에 좀 그럴 것이지! 오랜 세월 냉대를 당하면서도 끈질기게 구애하다가 정작 연인의 품에 안기고 나서는 마음이 식는 구혼자의 심리라고 할까. 버스는 이미 떠났고, 이제 재미가 없어졌다. 귀스타브 플로베르의 《감정교육》에서 프레데리크 모로는 아르누 부인을 만나 미칠 듯이 사랑하게 된다. 16년 후, 아르누 부인이 난데없이 그의 집으로 찾아온다. 그녀가 프레데리크의 품에 안길 듯 말 듯한 순간, 모자를 벗자 램프 불빛에 하얗게 센 머리칼이 드러난다. "그는 가슴이 정통으로 얻어맞은 것처럼 아팠다."[9] 프레데리크는 일종의 반감, 근친상간을 범하는 것 같은 모호한 두려움에 사로잡혀 아르누 부인에게 더는 다가가지 못한다. 마법은 깨졌다. 그들은 헤어진다.

요컨대, 우리는 우리의 경험과 함께하지 못할 때가 많다. 이 부조화가 필멸자의 운명이다. 시대를 만나지 못한 예술가, 작가, 영화감독, 발명가가 얼마나 많은가. 재능의 여부를 떠나, 자기 동포들과 같은 시간대에 안착하지 못하는 자들이 있다. 시대정신^{Zeitgeist}이 그들에게서 멀어졌고, 그들은 영원히 뒤는 존재로 남는다. 그들의 말, 그들이 만든 것은 공명을 일으키지 못하고 흐름을 타지 못한다. 반죽은 부풀지 않았다. 그들의 작업이 세월이 흐른 후에도 남을 수 있을 만큼 팬들을 불러모으지 못했다는 뜻이다. 10년만 일찍 나왔으면, 혹은 10년 늦게 나왔으면 갈채를 받을 수도 있었을 텐데. 그들은 기회를 놓쳤다. 역사는 정치, 철학, 과학, 사업 등의 분야에서 때를 잘 타지 못한 자들에게 가혹하다. 그들은 인정받지 못했거나 실패했고 다른 사람에게 명성을 빼앗겼다.

'아직도' 춤을 추고자 한다

그리스인들은 행동에 나서기 적합한 순간, 너무 늦지도 않고 너무 이르지도 않은 시기, 시간의 틈새 속으로 파고드는 기술을 '카이로스'라고 불렀다. 그들은 기회의 신 카이로스를 머리통에 풍성한 타래를 얹은 젊은이의 모습으로 상상했다. 카이로스가 옆에서 지나갈 때 우리는 그를 못 보거나, 보고서도 아무것도 하지 않거나, 그의 머리 타래를 홱 낚아채서 제압하거나 셋 중 하나다. 그 신의 머리를 낚아채려면 타이밍을 잘 잡아야 한다. 자칫 잘못했다가는 한순간에 궁지에 몰려 허우적대게 될 테니까.

행동력이 있는 사람만이 직감에 힘입어 순간을 잡고 버틸 수 있다. 그러면 경쟁자들은 닭 쫓던 개 지붕 쳐다보는 격이 된다. 그들은 사건을 잘못 해석했고, 그 사람만 남들이 눈 뜨고도 보지 못한 기회를 보았다. 그는 그 기회를 놓치지 않고 먹잇감을 본 호랑이처럼 달려들었다. 기회는 언제나 일종의 선택, 우연이 내민 손을 잡느냐 마느냐에 달려 있다. 마찬가지로, 재치 있는 사람은 그 자리에서 맞받아치는 재주가 있지만 그렇지 못한 사람은 한참 뒤에야 그럴싸한 대꾸가 생각난다.

즉각적인 결정의 기술은 위대한 정치인, 군인, 기업인, 외과 의사가 꼭 갖춰야 할 덕목이다. 그들은 늘 당장 대책을 내놓거나, 패배를 뒤집거나, 사회 혼란이나 경제적 고통에 종지부를 찍거나, 심각한 부상을 치료해야 한다. 하지만 우연에 몸을 맡기고 즉흥 연주를 하는 피아니스트에게도 이 기술은 필요하다. 그는 허공으로 날아가는 음들을 재빨리 포착하여 아름다운 악절과 화음을 만들어낸다.

정확히 때를 알고 빠르게 결정을 내리는 사람과 물살에 쓸려가는 지푸라기처럼 그냥 대세에 휩쓸리는 기회주의자는 엄연히 다르다. 적극적으로 행동하는 사람이 불안해하며 스스로 제기하는 질문이 있다. 지금 내가 뭘 놓치는 건 아닐까? 이러고 있을 때가 아니라 당장 거리로 나가 기회라는 놈을 붙잡기 위해 밤낮없이 발바닥에 불이 나도록 뛰어야 하는 게 아닐까?

죽음이라고 해서 어디 예외일까. 세상을 떠나는 것도 때를 잘 타야 한다. 너무 일찍 죽거나 너무 늦게 죽으면 곤란하다. 중대한 역사적 사건이 일어난 날에 죽거나 다른 유명인과 같은 날에 죽는 것도 안 좋다. 그런 죽음은 묻혀버린다. 장 콕토는 친구인 에디트 피아프와 같은 날 죽었다. 프랑스의 작가 장도르메송이 사망하고 24시간이 채 안 되어 조니 홀리데이가 죽었는데 이 국민가수의 장례는 국장으로 치렀다. 미국의 배우 파라 포셋은 마이클 잭슨과 같은 날 죽는 바람에 완전히 묻혔다. 흔히들 죽음은 평등하다고 생각하는데 천만의 말씀, 죽음의 신은 우연과 여론에 갈대처럼 흔들리는 속물이다.

우리 삶을 구획하는 시간부사들 중에서 '벌써'와 '아직도' 역시 특별하다. '벌써'는 나이 많은 이들에게 통계적 비정상, 짜증스러운 조숙으로 와 닿는다. 벌써 의사가 됐고, 20세에 벌써 학부를 졸업했고, 벌써 결혼했고, 벌써 애도 있다고? (병원에 갔다가 내 자식 또래의 의사를 만나면 뭔가 어안이 벙벙하다.) 이제 겨우 어린애 태를 벗은 블로거, 인플루언서, 인스타그래머, 유튜버가 세계적으로 이름을 날리고 그의 생애를 다룬 출판물이 쏟아져 나온다고?

'아직도'는 짜증과 고질적 비정상을 나타낸다. 아직도 여행을 다닌다고? 아직도 현역이라고? 아직도 건강하고 시력까지 좋다고? 아직도 밤에 쏘다니길 좋아하고, 50세인데 아직도 객쩍은 소리나 해대? '벌써'가 젊은 사람들의 보기 드문 능력에 대한 반응이라면 '아직도'는 당황스러운 지속에 대한 반응이다. 특히 '지금도 그래? 여전히 그러고 있단 말이야?'라는 뜻이다.

'아직도'는 조심스러운 바람을 담고 있기도 하다. 죽어가는 이는 마지막으로 '한 번만 더'를 부르짖으며 자신의 삶을 붙

들어주기를 원한다. 마지막으로 바닷가 여행을 떠나고 싶다, 마지막으로 기막힌 경치나 빼어난 걸작을 마주하고 싶다 등등. 막을 내리기 전, 마지막 춤을 아직도 추고자 한다. 아직도 살고자 한다!

플라톤의 《국가》 제10권에는 에르라는 청년이 전쟁터에서 죽었다가 자기 시신이 화장당할 때 깨어나 사후세계에서 보고 들은 것을 말해주었다는 전설이 나온다. 이 비물질적인 세계에서 영혼들은 전생에서의 미덕 혹은 악덕에 따라 정해진 운명대로 다시 태어난다. 영혼이 처하게 될 다음 생은 실로 다양하다. 짐승으로 다시 태어날 수도 있고 독재자, 가난뱅이, 부자, 여러 모양의 삶이 있다. 하지만 대부분은 전생과 반대되는 삶을 택한다. 그래서 어떤 이들은 백조, 독수리, 꾀꼬리로 다시 태어나기를 스스로 선택한다. "그와 마찬가지로 동물이었는데 인간이 되는 일도 있고, 또 부정한 동물은 사나운 야수로, 거친 동물은 온순한 가축으로 변해서 서로 바뀌는 일도 있고, 그 밖에 갖가지로 섞이는 일이 있었다네."[11] 그 후에 영혼들은 라케시스 여신의 옥좌 아래를 지나 레테의 평원에서 아멜레스 강의 물을 마시고 전생의 기억을 모조리 잊은 채 지상에 다시 내려간다.

플라톤은 현자들이 '상기想起', 즉 영혼이 이미 관조한 것을 다시금 떠올리는 연습을 한다고 보았다. 우리가 새로 배우는 것은 없다. 우리는 레테의 평원을 지나오면서 잊어버린 것, 오랫동안 의식 속에 파묻혀 있던 지식을 끌어낼 뿐이다. 잃어버린 지식을 다시 정복하는 것이 철학의 업이요, 무지의 동굴에서 서서히 빠져나오는 과정이다. 프루스트는 영혼의 사후 부활을 "기억 현상"과 같은 것으로 봄으로써 그러한 생각을 계승했다.[12] 전생이 마법처럼 떠올라 우리에게 밀려드는 때가 있다. 프루스트 자신도—부주의하게도—단편 속에서 죽었던 인물들을 다른 장편에서 살아 있는 모습으로 재등장시키지 않았던가. 그는 자신의 무수한 인물들과 결코 이별하려 하지 않았다.[13]

어떤 사악한 영이 이렇게 묻는다면 어떻게 대답할까? 네가 아직도 인생을 새롭게 살 수 있다면 어떻게 하겠느냐? 덕스러운 삶, 평범한 삶, 영웅적인 삶 중 무엇을 원하느냐? 선택은 너에게 달렸다. 이미 인생을 알 만큼 알고 환상도 없는 상태에서, 새로운 삶의 국면을 어떻게 택해야 할까? SF 소설가 필립 호세 파머는 플라톤에게서 영감을 받았는지, 어느 날 하늘에서 찢어질 듯한 괴성이 들리고, 태초부터 지구에 태어나 죽은 모든 인간이 '영원의 강'이라는 거대한 강가에서 벌거벗은 대머리의 모습으로 부활한다는 설정의 이야기를 썼다.[14] 300억인지 400억인지 모를 이 인구의 대다수는 평범한 사람들이지만 헤르만 괴링, 마크 트웨인, 예수, 로버트 버턴, 시라노 드 베르주라크가 한꺼번에 서로 만나기도 한다.

'제2의 기회'라는 종교는 그들에게 영혼을 반신^{半神}으로 만들 수 있는 기회를 제공한다. 인류사 전체를 요약한 듯한 이 유토피아를 담기에는 지구 하나로 역부족이어서 훨씬 더 크게 확장되는 행성을 전제로 한다. 하지만 무엇보다 이 유토피아는 죽은 자들의 부활이 "자궁 같은 호수의 물에서" 쉴 새 없이 일어난다는 것을 전제로 한다. 그들은 모두 모태에 등록되어 있어서 생물학적으로 회복되고 젊어진 상태로 다시 태어날 수 있다. 일종의 연쇄 부활이라고 할까. 이 윤회의 고리에서 빠져나오기는 불가능하다. '제2의 기회'교는 허다한 이가 새로운 탄생을 통하여 전생의 불완전함을 털어버리기를 원한다.

소설은 소설이고, 우리처럼 죽을 수밖에 없는 인간에게는 '아직도'가 '너무 늦었다'보다 그래도 낫다. 60대부터는 또 다른 시간의 명령이 피부로 다가오는 때가 온다. 지금 하지 않으면 영영 못한다! 황혼의 도취, 향기로운 추억이 매일 아침 새롭게 살아보겠다는 의지를 막을쏘냐. 우리에게 두 번째 기회, 세 번째 기회는 없을 것이다. 너무 늦기에도 너무 늦은 때가 오고야 만다.

50세가 되면 주변에 벌써 세상을 떠난 친구들이 제법 있다. 자신이 팔팔하게 살아 있다는 게 새삼 놀랍다. 결혼식이나 세례식 못지않게 장례식에 갈 일이 많아진다. 동시대인들과도 살지만 망자들과도 더불어 산다. 우리는 때때로 망자들을 소환하지만 언젠가는 우리도 그렇게 소환당할 것이다.

신문의 부고란을 보고 있노라면 기분이 묘하다. 가끔은 누군가가 실수로 내 이름을 그 안에 집어넣을 것만 같다. 또 누가 죽었구나. 하지만 죽기에는 아직 너무 젊은데? 지병이 있었나? 마지막으로 무슨 말을 남겼을까? 장례는 어떻게 할지 정해놓고 죽었을까? 종교 의식으로 치르나, 일반 장례로 하나? 음악은 골라두었을까? 화장일까, 매장일까? 이제 장례는 꼭 어떻게 해야 한다는 규정이 없으니 자기 마음에 드는 장례 방식을 만들어낼 수 있다.

1880년에 귀스타브 플로베르가 뇌졸중으로 사망하자 에밀 졸라는 기막힌 말을 했다. "아름다운 죽음, 나와 내가 사랑하는 사람들도 저렇게 거대한 손가락에 짓이겨진 벌레처럼 죽었으면 좋겠다 싶을 만큼 부러운 결정타." 남의 일은 다 부럽기만 하다, 죽음조차도. 남들은 불행한 와중에도 운이 좋았다. 그런 면에서 장례식 만찬은 원기를 재충전하는 자리다. 산 자들은 그곳에서 먹고 마시며 죽음의 신을 쫓아낸다. 그 신이 얼씬도 못하게 포크를 휘두르고 술잔을 부딪친다. 죽은 자들의 군대는 우리가 빗발치는 총격 속에서도 꿋꿋이 버텨내도록 붙잡아준다. 여전히 살아 있다는 조심스러운 자부심은, 다음 차례는 내가 될지도 모른다는 공포로 상쇄된다.

우리에겐 임무가 있다. 이제는 사라진 그들을 이 땅에서 대변해야 한다. 그들의 증인이자 대변인이 되어야 한다. 그들은 우리 가슴 속에, 우리가 하는 말 속에, 우리의 추억 속에 산다. 우리는 그들에 대해서 말함으로써 그들을 소생시킨다. 그들은 우리의 망자이고, 우리는 고인들과 한 가족이다. 우리 안에 사는 망령들의 무리는 우리가 마지막 숨을 거둘 때까지 결코 떠나지 않으리라.

죽을 날이 가까워지면 또 하나 해야 할 일이 있다. 퇴장을 확실히 할 수 있도록 윤리적이거나 의학적인 결정을 가급적 모두 마무리해야 한다. 생물학적 생존에는 궁극적 가치가 없다. 자유와 존엄이 더 중요하다. 자율성, 세상을 다른 사람들과 더불어 사는 능력이 사라지면 먹고 자고 숨 쉬는 것이 고문처럼 괴롭다. 그러면 사라질 때가 된 거다. 할 수 있는 한 우아하게, 세상과 작별할 때다.

2008년 3월 19일에 벨기에의 유명 작가 휘호 클라우스가 그렇게 떠났다. 알츠하이머병을 앓던 그는 운동 능력을 상실하는 단계에 이르자 더는 살지 않기로 했다. 그는 제일 좋은 옷을 차려입고 아내 및 절친한 편집자와 함께 안트베르펜 미들하임 병원에 갔다. 그는 샴페인 한 잔, 담배 한 개비를 마지막으로 즐긴 후 침대에 누웠고 평온한 분위기에서 마취제와 독극물 주사를 맞았다. 벨기에는 환자의 의식이 명징한 상태에서 "숙고한 후 자기 의지로" 요청하는 경우 조력자살을 법으로 허용한다.

다름 아닌 자신의 어린 시절이 어느 날 유독 낯설게 보인다. 그 시절 그 꼬마는 지금의 어른과 얼마나 딴판인지 그 둘이 동일인이라는 사실이 기이하게 느껴진다. 실성한 조각가가 계제에 안 맞게 삐뚤삐뚤한 선을 뽑은 것 같고, 정과 끌을 잘못 놀려 뺨을 푹 파놓고 광대뼈를 높이고 콧대를 구부리고 귀를 쭉 늘려놓은 것 같다. 무슨 마가 끼어서 하고 많은 얼굴 중에 지금의 이 얼굴이 된 거지? 늘어지고 주름 잡힌 가면을 쓴 것 같잖아! 내가 떠안은 것은 잔인한 우연일 뿐 논리 따위는 없다.

3대가 함께 찍은 가족사진이란 무엇인가? '너도 이렇게 될 거야'라고 말하는 잔혹동화 아닌가? 젊고 팽팽한 얼굴은 구겨지고, 머리칼은 빠지고, 체형이 슬금슬금 무너져 나중엔 알아보지도 못하게 될 것이다. 가족사진을 보면 노인들이 손주를 붙잡고 원기를 빨아들이는 것 같은 느낌마저 든다. 씩씩하고 잘생긴 청년은 자기 아버지처럼 투실투실해질 것이고, 꿈꾸는 아가씨도 자기 어머니처럼 잘난 척하는 중년 아줌마가 될 것이다. 기이한 단락短絡이 작용해 조카딸의 얼굴에서 당신 어머니가 보일 것이고, 또 다른 조카는 큰아버지를 빼다박을 것이다. 나이 든 자들은 어린 자들의 원기를 빨아먹고 자신의 흔적을 가차 없이 그들에게 남긴다.

스타들에게는 이러한 운명이 더욱 가혹하다. 늙고 변한 모습이 한창 아름다웠던 시절까지 짓밟는다. 술 때문에 망가진 시몬 시뇨레, 리즈 테일러, 혹은 이가 다 빠진 앙토냉 아르토는 영원히 그 모습으로 남고 만다. 그래도 예외는 있다. 죽은 자도 살려내는 사진 보정의 힘이 있으니까. 시계 브랜드 브라이틀링을 위해 포즈를 취한 스티브 매퀸, 크리스티앙디오르 광고 사진 속의 알랭 들롱은 젊을 때 모습으로 영원히 박제된 것 같다. 신화로 방부 처리된 광택지 안의 미라들처럼. 이제는 고인이 된 스타들을 홀로그램으로 소환할 수도 있다. 매릴린 먼로, 투팍, 빌리 홀리데이, 혹은 프랭크 자파와 클로드 프랑수아의 투어를 함께할 수도 있다.

일반적인 붕괴의 법칙에는 예외들이 있다. 어떤 이들은 유독 일찍 시들어 30세면 벌써 얼굴이 달라져 있는데, 어떤 사람은 나이 들수록 우아해지고 관록에서 풍기는 멋까지 더해진다. 나이가 그들을 더 아름답게 해주진 않았지만 가장 좋은 모습으로 만들어주었다. 멋있고 잘생긴 노인들이 얼마나 많은가. 그들은 시간의 귀족이다.

교부敎父들이 고민했던 질문 중에는 이런 것도 있었다. 최후의 심판 날에 다시 살아날 육체는 가장 젊고 아름다웠을 때의 모습일까, 죽기 전의 늙고 쇠잔한 모습일까? 혹시 우리가 그 육체의 시기를 택할 수도 있을까? 장애가 있는 사람은 그 상태 그대로 부활하고, 순교자들은 끔찍한 고문의 흔적을 그대로 가지고 부활할까? 토마스 아퀴나스는 이 부활의 약속에 놀라운 지면을 할애한다. "치욕 속에 씨 뿌린 바 되어 영광 속에 부활한다. 부패 속에 씨 뿌린 바 되어 썩지 않을 것으로 부활한다. 약하게 씨 뿌려진 자 강인하게 부활한다. 짐승의 육신으로 씨 뿌려져 영적인 육신으로 부활한다." 우리는 그때 신 앞에서 투명한 존재일 것이다. 남자는 남자일 것이요, 여자는 여자일 테지만 그들의 생식기는 이제 쓸모가 없으므로 "고귀한 체액"으로 채워질 것이고 머리칼과 손톱은 장식적 기능이 있으니 너무 길지 않은 선에서 남아 있을 것이다. 혈액과 정액은 변모된 상태로 남을 것이다. 영양도 필요 없으나 먹는 행위는 여전히 남을 것이다. 인류는 썩지도 않고 바래지도 않는 "영적 육신의 황금 액체" 속에 녹아들 것이다.[15] 인간의 육신이 지닌 부패성이 비부패성으로 변모됨으로써 거의 완벽해지는 것이다. 최후의 심판을 알리는 나팔 소리가 울리고 신체들이 일어나리라. "부활은 다시 일어남이다."[16] 믿는 자든 믿지 않는 자든 모든 이에게 유효한, 빛나는 말씀 아닌가.

한계

안 되는 건 안 되는 거다

나는 늘 삶이 풀어야 할 문제가 아니라
무릅써야 할 위험이라고 생각했다.
그 전적인 위험을 마주한 상태에서
내가 아는 유일한 능력은 사랑과 거룩함뿐이다.
― 조르주 베르나노스

━━━━ 　고대 그리스의 서정시인 핀다로스는 "너 자신이 되어라"라는 유명한 말을 남겼다. 이 말을 보완하는 것이 고대의 또 다른 격언 "너 자신을 알라"다. 이 명령은 희한하다. 나는 이미 나인데 어떻게 더 나 자신이 되라는 건가?[1] 고대인에게 자기를 안다는 것은 우주 안에서 자기의 한계를 깨닫는다는 것이었다. 대우주 속의 소우주에 지나지 않는 개인은 자신의 고유 영역을 넘지 않고 천체의 흐름에 자신을 맞추어야만 도를 넘는 죄를 피할 수 있다.

　현대인들은 반대다. 계몽주의 시대 이후로 자아는 능력을 널리 계발해야만 했다. 이러한 태도는 이미 〈루카복음〉과 〈마태복음〉에 나타난 달란트(돈의 단위이자 능력의 상징)의 비유에서 볼 수 있다. 어떤 주인이 첫째 종에게는 5달란트, 둘째 종에게는 2달란트, 셋째 종에게는 1달란트를 주었다. 나중에 첫째 종은 10달란트를 만들어 왔고, 둘째 종은 4달란트를 만들어 왔는데, 셋째 종만 자기가 가져간 1달란트를 그대로 가져왔다. 주인은 처음 두 종에게는 상을 내렸지만 셋째 종은 호되게 꾸짖고 내쫓았다. 주인은 놀랍게도 이런 결론을 내린다. "가진 자에게는 더 줄 것이요, 없는 자에게는 그 얼마 안 되는 것마저 빼앗을 것이다." 이 비유는 우리가 타고난 것, 신께 받은 것으로 좋은 열매를 맺지 않으면 죄를 짓게 되는 셈이라는 철학적 교훈을 준다.

태어날 때부터의 특권보다는 자질과 능력이 우리를 더 잘 규정한다. 하지만 오늘날 그러한 자기 실현은 전통이나 신앙의 명령을 따르는 것과 상관없다. 개인주의 세상에서는 사회, 가정, 씨족이 부여한 역할을 떠나는 한이 있더라도 저마다 자기를 탐색하고 실현하기 때문이다.

진정성, 다시 말해 근본적인 나다움은 관습에 우선한다. 진실성이 사회적 작용에 우선하고 독자성이 집단에 우선한다. 하지만 진정성은 그 개념 자체가 애매하다.

나 자신이 된다는 것은 영원에 속한 내가 되는 것인가? 예정되고 프로그래밍되어 있는 목표에 도달하면 자기 자신 안에 영원히 거하는 건가? 그렇다면 우리는 어떤 족쇄나 후견에서 벗어날 필요도 없고 자신의 탁월한 주체성에만 귀 기울이면 될 것이다.

진정성은 변덕이라는 낡은 단어, 국왕의 입에서 나오는 "짐의 뜻"을 현대적으로 고상하게 부르는 단어다. 개혁도, 정신의 진보도 신경 쓰지 말라. 너는 있는 그대로 완벽하다. 너의 독자성은 네 것이라는 이유만으로 좋은 것이니 바로 그것을 갈고 닦아라. 너의 욕망은 지고하니 절대 굽히고 들어가지 말라. 너를 제외한 모두에게 의무가 있다. 1960년대에 급부상한 '너 자신이 되어라^{Be yourself}'라는 구호의 양가성이 여기에 있다. 자기 자신이 되려면 그 존재가 어떤 것 혹은 어떤 수준에 도달해야 한다. 아직 15세밖에 안 된 소년은 그가 언젠가 이르게 될 정점에 있다고 할 수 없다.

자기 자신을 이런 식으로 생각해보면 흥분되는 면이 있다. 지고의 가치는 나를 초월한 게 아니라 내 안에서 확인하는 바로 그것이다. 나는 이제 무엇이 '되는' 게 아니요, 매 순간 존재해야 하는 바로 그것이다. 나는 기탄없이 내 성격, 내 감정, 내 기분대로 해도 된다. 자유는 결정론을 거부하는 능력이지만 이제 우리는 바로 그 결정론들을 지지할 권리를 요구한다(정체성 정치도 마찬가지다. 소수자들은 자기가 있는 그대로 완벽하며 무리에서 쫓겨날 필요가 없다는 생각의 권리를 요구한다). 자기 욕구에 선을 그을 필요도 없고, 자기 자신을 구축할 필요도 없다. 다시 말해, 자기와 자기 사이에 거리를 둘 필요가 없다. 우리는 저마다 자기 성향대로, 자기 자신과 융합하기만 하면 된다. 이 희한한 자기만족은 민주적인 개인에게도 해당하지만 세상이 전부를 주어야 한다고 생각하는 이기적인 공동체에도 해당한다.

그리하여 언제나 우리는 편의상 자아라고 부르는 그 무엇이 된다. 자기로서 사는 편안함에 자기일 수밖에 없는 불편함이 겹쳐진다. 이미 구축된 우리는 재구축 혹은 해체를 원할 것이다. 자기 자신을 절대 모델로 선언하는 바로 이 지점에서 나이는 약간의 선견지명을 가져다준다. 그리스의 신탁은 자신의 잠재력과 한계를 알라는 뜻으로 "너 자신을 알라"고 했다. 하지만 내가 무엇을 하든 어차피 내 안에는 나밖에 없다.

나는 실존하기 위해서 늘 나의 존재보다 조금 더 많은 것을 필요로 한다. 얼른 나 자신의 땅을 돌아본다. 내가 나 자신이 되면, 내가 나 자신을 알거나 잘못 알면 무슨 일이 일어날까? "나는 내가 뭔지 모르겠다. 나는 내가 아는 것이 아니다"라고 독일의 신비주의자 안젤루스 실레시우스는 말했다. 프로이트가 여기에 한마디 더 보탠다. "나는 내가 나라고 믿는 그 사람이 아니다. 자아는 나의 주인이 아니다. 자아는 무의식과 초자아, 욕망의 태풍과 검열재판소에 해당하는 거대한 힘에 의해 변한다." 하지만 그렇다고 해서 각 사람이 대타자나 뭔가 심오하고도 기이하기 짝이 없는 존재가 되지는 않는다. 분석을 받을 때는 비록 내면의 성채라는 심연을 내려다보는 것 같은 기분이 들지언정 말이다.

자신을 다른 누구로 착각하는 것도 위험하지만 자신의 눈부신 유일무이성에 갇혀 늘 똑같은 인물을 무한히 재생산하는 것도 위험하다. 물론 운이 좋으면, 샤토브리앙과 위고처럼 정말로 그렇게 될 수도 있기는 하다(빅토르 위고는 어릴 때부터 문학에 뜻을 품고 "샤토브리앙처럼 되든가, 그게 아니면 아무것도 되지 않겠다"고 했다―옮긴이). 오히려 이런 선언이 더 짜릿하지 않을까? 네가 아닌 것이 되어라. 자신을 발견하는 데는 반세기가 족히 걸린다. 거의 답을 찾았다 싶으면 곧바로 자기를 조금씩 잃어버린다. 한 인간이 그 자체로 다수의 인물이라면 마지막 장의 등장인물은 몇 명일까? 미성숙을 허락된 시기 이상 연장하는 것도 팁이라면 팁, 나이 들어서까지 세상에 대한 놀라움을 간직하는 비결이다.

청춘이라는 나라가 있다. 거의 모든 사람이 이미 오래전 잃어버린 그 나라의 명예시민이 되고자 한다. 40대, 50대, 심지어 60대도 자기는 아직 청춘인 것 같다고 말한다. 자명한 사실을 부정하는 그들이 어쩌면 옳을지도 모른다. 프랑스의 시인이자 사상가 샤를 페기는 이렇게 말했다. "40세는 끔찍한 나이, 용서받을 수 없는 나이다. (…) 그는 이제 사람들이 나이 얘기를 해도 괴로워하지 않는다. (…) 40세는 우리 자신이 되는 나이이기 때문이다."[2] 단두대의 칼날처럼 다가오는 말이다. 40대는 시간의 틀에 유폐되어 영영 빠져나오지 못한단 말인가. 자기 자신과 마주하면 홀로 이건 너무 심하단 생각이 든다. 당장 자기 안에서 벗어나야 한다. 행동과 일과 사랑에 몰두하면서 자기 자신을 잊어야 한다.

페기의 말은 끔찍하거나 돌이킬 수 없는 것이 아니다. 그 시대에는 40세도 상당히 많은 나이로 간주되었다. 지금은 40대도 인생을 이제 겨우 알까 말까 한 나이, 아직도 변할 수 있고 놀라운 깨달음을 얻을 수 있는 나이다. 미셸 푸코가 생애 말년에 그토록 힘주어 말한 자기 배려$^{souci\ de\ soi}$는 교육과 학습의 시기에 걸맞다. 그다음에는 이 배려가 태만 혹은 조심스러운 보전에 가까워진다. 자기 자신을 주체로 만든다는 것은 그러한 경향에서 빠져나가려는 노력이기도 하다.

　루소는 긍정적인 자기애와 자기를 남들과 비교하고 경쟁하는 과정에서 발생하는 자존심을 빛나는 분별력으로 구분한다. 그리고 세 번째 종류의 자기애는 대중화된 프로이트주의와 함께 발전하면서 모든 사람을 타인이나 분석가의 발치에 내려놓아야 할 문제와 갈등의 꾸러미로 만들었다.[3] 이러한 서사 영역은 소소한 것을 박진감 넘치는 모험담으로 변모시키는 그리스도교의 고해, 자기 성찰에서 유래했다. 모든 것이 의미가 있고, 모든 것이 주목할 가치가 있으며, 버릴 것은 하나도 없다. 자기를 면밀히 살피고 끝없이 연결해야 한다.

　우리는 자기에게 푹 빠져 자잘한 근심거리에 매여 사는 사람들을 안다(이게 바로 결코 자기를 벗어나지 못하는 불행이다). 그들은 결코 자기 자신을 잊을 수 없고, 어디를 가고 무엇을 하든 구습에 빠지고 만다. 그들은 정신 현상의 무한성을 믿기에 사소한 말실수나 과실에 시시콜콜 의미를 부여한다. 설명이 그들에게 내려진 저주일지니, 그들은 결코 풀리지 않는 수수께끼를 풀 듯 자기 해석에 매달린다. 정신을 못 차리게 하는, 이 자아라는 심연이 그들을 사로잡는다. 하지만 그 심연은 그들이 결코 자기 자신을 벗어나지 못하고 못 박혀 살게 하는 지옥이기도 하다.

나 아닌 것에 대한 개방성은 일시적인 기분이나 가변성으로 축소되지 않는다. 사르트르는 《말》에서 자신이 "무엇에든 신의를 지킬 필요가 없는 권한을 바탕으로" 이루어졌다고 스스로 비꼬듯 말한다.[4] 자기 자신에 대한 불신은 또 다른 형태의 충직성일 뿐이다. 불륜을 일삼는 남편이 아내와 취하는 거리는 늘 일정하다. 통제 가능한 선에서 자아를 벗어버리고 싶은 꿈, 자기이기를 그치지 않은 채 다른 사람이 한번 되어보고 싶은 꿈이다.

사르트르 이전에 소설가 앙드레 지드도 다소 멋을 부리며 이렇게 외쳤다. "미래여, 나는 너에게 신의를 지키지 않으리라." 그는 독자에게 "자기 자신의 대척점으로" 달려갈 것을 권했다. 하지만 그 대척점도 자기이기는 마찬가지다. 자기에게서 도망치고 싶지만 무슨 말을 하든 자기 자신과 연결되어 있는 것은 어쩔 수 없다. 사람됨을 바꾸고 싶은 이 바람은 새로운 것에 대한 갈증, 또는 처음부터 정해진 배반과 비슷하다. 시대의 변화에 발맞추려는 의지, 실수나 착각을 깨달으면 자기조차 부정할 수 있는 의지이다. 하지만 거짓 맹세도 자기를 걸고 하는 맹세이기는 마찬가지다. 거짓 맹세는 자기를 걸기는 하되 자기는 슬그머니 빠져나가기를 원한다. 연속적인 참여를 통하여 자기 자신의 고매한 이상에 충실하지 않았다면 배교는 배교가 아니다. 변절도 대개는 연속성이 있다.

자유의 세 얼굴

인간사의 의미 부재는 자유의 조건이자 인간에게 부여된 저주이기도 하다. 의미가 없으니 우리 안에서, 명암 속에서, 불확실성 속에서 계속 의미를 발견해야만 한다. 시행착오와 막다른 미궁 안에서 길을 찾아가다 보면 이따금 광명이 비친다. 살았다 생각하는 바로 그때 또 다른 위험이 닥친다. 모든 사람이 자기 뜻대로 살아갈 권한인 자유는 반항, 구속, 고독이라는 세 단계를 거친다. 이 세 단계가 늘 쭉 이어지는 것은 아니다.

유년기를 벗어나면 자유는 일단 가족, 스승, 기성 질서에 대한 반항으로 표출된다. 교육의 혜택을 한껏 받은 청소년은 그 교육의 사슬을 끊어버리고자 하며, 나는 나의 주인이라고 고함친다. 그러다가 자유는 책임이기도 하다는 사실을 확인할 때가 온다. 자유는 행위의 결과를 감당하는 것이다. 도망치지 않고 대응해야 한다. 우리는 자신을 제한하는 동시에 규정하는 빡빡한 굴레 안에서만 자유롭다. 이 단계는 아주 황홀하면서도 성가시기 짝이 없다. 자유의 대가, '나'라고 일인칭으로 말할 권리, 그로 인한 실존적 고독은 자칫 절망으로 치달을 수도 있다. 나 혼자 괴로워하고 나 혼자 죽을 것이다. 나 자신에게 얽매인 채, 나에게 굴러들어온 육신에 영원히 갇힌 채. 내가 자신에게 유일한 장애물이라면 힘들고 제자리걸음하고 실패를 맛볼 때 누구에게 툴툴댈 수 있겠는가? 나 자신을 벗어난다는 생각만이 흥분을 안겨준다. 후천적으로 획득한 자유는 실망스럽기만 하다.

그러니 그따위 자유는 나 몰라라 하고 끝없는 해방을 말하고 싶을 만하다. 청소년기의 반항을 당연히 최대한 연장하고 싶지 않겠는가. 30세, 40세에도 부모와 사회의 지배를 받는 것처럼, 자기가 겪는 모든 어려움을 부모 탓이나 사회 탓으로 돌릴 수도 있다. 순수는 보드라운 볼살과 함께 사라진다. 내가 다른 사람을 탓할 수 없고 진정으로 내 행위의 주체가 되는 날은 오고야 만다. 그것이 어른이 된다는 것, 즉 성장의 불행이자 경이로움이다. 그래서 우리는 끊임없이 도움과 불복종 사이에서 타협을 모색한다. 내가 힘들어하면 날 좀 챙겨줘, 내가 잘지낼 때는 날 좀 내버려 둬. 연대의 실천을 통하여 시민 개인의 고독을 덜어주는 것이 민주 사회의 장점이다. 연대는 우리의 권리를 보호해주고 지독한 고통을 완화해준다.

따라서 삶의 의미는 어떤 답을 내놓아도 사라지지 않는 질문이다. '나는 누구인가?'를 해결하고 '나는 무엇일 수 있는가?'로 넘어가야 하는 때가 온다. 살아 있는 동안 무엇을 해도 되는가? 자기에게서 도망치려면 이 말을 기억해야 한다. "우

리가 자신에게로 가는 가장 짧은 길은 우주다."(말콤 드 샤잘)
운명의 다채로움은 늘 사람들과의 만남과 관련이 있다. 만남
이 없다면 우리는 어떤 깊이도 얻지 못할 것이다. 늙는다는 것
은 이 한없는 부채를 인정하고 귀히 여기는 것이다. 우리가 만
난 타인들이 지금의 우리를 만들었다. 우리 한 사람 한 사람은
'나'라는 이름의 집단 작품이다.

　알다시피 자기 본연의 모습이 아닌 상태로 살기를 강요당하
거나 스스로 자기 본성을 감추는 사람들은 꽤 많다(가령, 성
적 지향이라는 면에서 그런 경우가 있다). 그런 사람이 나중에 자
기 자신에게 귀의하면(세네카) 세상의 폭풍우로부터 안전한 항
구에 들어온 것 같은 행복을 느낀다. 이것이 자기와의 화해 첫
단계다. 이 마법적인 순간에 그는 자기 운명의 주인이 된다. 외
부의 명령대로만 살다가 비로소 스스로 행동하게 되는 것이
다. 무엇이 자기에게 잘 맞는지 일찍 깨닫고 샛길이나 망설임
에 빠지지 않고 꿋꿋이 나아가는 사람은 복되다.
　옛날에 서양에서는 자신에게 귀의한다면서 신의 섭리를 따
르거나 어떤 주인 혹은 도덕에 복종하면 현실적 존재는 포기
하는 것이라고 보았다.[5] 자신의 진정한 소명을 억누르는 한이
있더라도 사회 질서에는 순응해야 했다. 인생을 바꾸고 싶다

는 마음이 들려면 일단 내 인생이 신, 교회, 유대교 회당, 이슬람 사원, 마을 공동체, 출신 계급보다는 나 자신에게 속한 것이라는 생각이 있어야 한다. 그러자면 부족, 씨족, 전통과의 관계가 다소 느슨해져야 할 뿐 아니라 이전 세대에서 지금 세대로의 변화가 안정보다 낫다는 확신이 있어야 한다.

계몽주의 신조에 따르면 성년에 진입한다는 것은 지켜보는 눈이 늘 있어야 하는 어린아이의 타율에서 스스로 정한 규칙에 따라 움직이는 성숙한 자율로 넘어가는 것이다. 관습과 타자들에게서 빌려온 제복을 벗고 자기만의 삶을 살고 싶다는 욕망은 역사적으로 비교적 뒤늦게 등장한 열망이다. 특히 미국은 저마다 운명의 시나리오를 자기 뜻대로 쓰게 될 것이라고 약속한다. 물론 사회적 불평등과 온갖 종류의 차별이 만연한 상황에서 그러한 약속은 애매하기 짝이 없다.

귀족제라는 과거에 뿌리를 둔 구세계는 오랫동안 그 명령에 저항했다. 20세기 초 파리에서 라이너 마리아 릴케는 "태어나고, 정해진 삶을 발견하고, 그냥 그 삶을 걸치기만 하면 된다"고 하지 않았는가.[6] 릴케는 자기만의 고유한 죽음을 바라는 이도 점점 드물어진다고, 다들 "얼추 어울리는 죽음을 찾으면 그걸로 만족한다"고 지적했다.[7]

우리는 자유롭기 때문에 어떤 운명이 있는 것이다. 소외된 인간에게는 운명이 없으며 단지 나아갈 방향만 있다. 그런 사람들은 빽빽하게 무리를 지어 같은 목적지를 향해 걸어간다. 민주적인 인간은 이 부화뇌동에 분개한다. 그는 자기 자신의 유일한 주인이고자 한다. 그러나 이 자기 희열, 자기 땅의 주권자로 사는 즐거움 때문에 우연이 가져다주는 행복한 사건들에 무심해지지는 않는다. 가령, 자기를 벗어던지는 꿈은 여전히 남아 있다. 사랑은 그러한 꿈의 가장 완벽한 예다. 사랑한다는 것은 무엇보다 자기를 통제하지 않고, 기꺼이 자기를 내놓는 일이기 때문이다.

어느 나이에나 잘 사는 것은 두 가지 주문으로 요약된다. 가장 좋은 방식을 찾았다면 거기서 변하지 말라. 그러나 세상의 아름다움에는 여전히 열려 있어야 한다. 겉으로는 변하고 싶지 않아 하면서도 자못 놀라운 미래가 펼쳐지길 바란다. 미래라는 녀석이 지겹도록 자주 본 얼굴이 아니라 사랑스러우면서도 예기치 않은 얼굴을 하고 있었으면 좋겠다. 젊어서 어떤 운명을 예감했다는 사실은 종종 우리를 가두는 벽들을 무너뜨린다. 우리를 미지의 세계에 빠뜨리고 시간의 조직을 유익한 방향으로 찢어나가는 것은 출발과 단절의 마법이다. 쾌락 원칙과 현실 원칙에 추가해야 할 제3의 원칙, 그건 바로 바깥의 원칙이다. 바깥의 원칙이라는 영역에서 사물의 맛은 다양하고 무궁무진하다. 다른 곳, 다른 사람은 종종 계시의 장소가 된다.

여행이나 뜻밖의 사고를 계기로 내가 살아온 세상이 아닌 다른 세상들에 대한 직관이 갑자기 발동하는 때가 있다. 점잖지 못하게 울타리 뒤에서 놀아나던 시골 아낙을 보고 흥분해서는 필경사로서의 소명까지 다시 생각하게 된 페퀴셰처럼 말이다(플로베르의 《부바르와 페퀴셰》의 등장인물 — 옮긴이). 이 신비의 부름이 주로 종교, 에로티시즘, 여행이라는 세 영역에서 온다는 사실이 놀라운가? 신의 부름, 육체의 부름, 다른 대륙의 부름, 결국 모두 인간 초월의 영역에서 오는 부름이다. 탐색해보지 않은 것을 향해 열린 문, 일생에 적어도 한 번은 그 문을 넘어야 한다. 그것은 성聖의 문이다. 모든 것이 임박한 도약에 매달려 있다. 개종에 비견할 만한 그 도약이 우리를 자신에게서, 숨 막히는 루틴의 위력에서 풀어준다. 뜻밖의 우연은 세속화된 구원이다.

미래는 예측할 수 없고 가변적이라는 사실은 생의 마지막 단계에서도 전에 없던 일이 일어날 수 있다는 의미에서 대단한 행운이다. 모험의 바다에서 일렁이는 파도를 마주하고 싶다는 바람은 영원히 사라지지 않는다. 언제라도 새로운 운명을 향하여 장비를 챙기고 나설 수 있다. 그렇지만 이 위험 요소를 잊으면 안 된다. 30년을 조용히 살던 사람이 마지막 순간 영웅심에 취해 준비도 없이 모험에 나선다? 이런 50대들의 예는 아주 많다. 평생 몸 안 쓰는 일을 하다가 어느 날 갑자기 격렬한 스포츠를 시작하고 결국 사달이 나는 사람들, 자기가 곡예사라고 착각하고 번지점프를 하는 노인네들이 있다. 자기가 무슨 오지 전문 특파원이라도 되는 줄 알고 사막으로 홀쩍 떠나질 않나, 다 늙어서 카사노바 노릇을 하다 영악하고 어린 여자에게 탈탈 털리질 않나. 이런 인물들은 희극에서 심심찮게 만날 수 있다.

모든 것이 모든 나이에 가능하지는 않다. 신체적 역량에도 염치라는 것이 있다. 조르주 베르나노스는 《어느 시골 사제의 일기》에서 전쟁의 계시를 받아 전쟁 없이는 "퇴화된 인간 그루터기"밖에 되지 못하는 사람들에 대해서 말한다. 오, 주여, 우리는 계시를 얻기 위해서 전쟁을 필요로 하지 않으니 감사합니다. 어느 단계에서나 낡은 인간을 은유적으로 탈피하는 것은 가능하다.

어쩌면 영혼이 녹슬지 않도록 복음서의 가르침에 따라 자기 안에 만만치 않은 적을 수태시키는 다이몬^{daimon}(신도 아니고 인간도 아닌 영적 존재)을 두어야 하는지도 모른다. 자기 자신의 가장 무서운 적수가 되는 것, 나를 각성시키고 바늘로 찌르듯 자극하는 존재가 되는 것. 어쩌면 이것이 좋은 삶의 비결이리라. 그러한 분리를 잘 활용하여 나 자신을 뒤흔들고 절뚝거리면서도 좋은 방향으로 나아갈 수밖에 없도록.

"다이몬들이 나를 떠난다면 천사들 역시 떠나버릴까 봐 두렵다."(라이너 마리아 릴케)

완전히 성공하지는 말라

인생에서 성공을 거두면 그다음은 뭐가 있을까?[8] 자신의 영광에 드러누워 잠들면 될까? 다른 사람들이 면류관을 엮어오고 요란하게 울리는 방울과 온갖 장식으로 우리의 가슴을 덮어주기를 기다리면서? 아니면 유산을 관리하듯 성공도 관리해야 할까? 자못 흥미로운 질문이다. 영광의 정점에 올랐던 위대한 기업 총수, 연구자, 수학자, 항해사, 예술가 들은 어쨌든 생애 말년까지 자기 작업에 기생해서, 혹은 그 작업의 증인으로 살아가게 된다. 작업이 그들을 한껏 이용한 뒤 내버린 것 같다는 느낌이 들 정도다.[9]

만약 성공한 인생이라는 것이 존재한다면 그 생은 이윤 혹은 손해의 논리에서 벗어난다. 그러한 생은 도전, 패배의 극복, 말로 표현할 수 없는 부끄러움과 그것으로 만들어낸 정반대의 면모로 점철되어 있다. 인생은 50세쯤 정상을 찍고 그다음부터 석양의 아름다움에 감탄하면서 슬슬 내려오는 걸까? 이 은유도 썩 괜찮아 보이지만 은유는 은유일 뿐이다. 나이를 먹는다는 것은 실현하지 못한 모든 것을 우울하게 조사하는 과정일 수도 있다. 하지만 그 우울은 우리가 개간해야 할 광대한 땅을 은연중에 보여준다. 아직도 탐험할 만한 곳이 있다.

성공한 인생이, 바람직한 목표란 목표는 모두 정해진 전체성으로, 고대 그리스인들이 '탁월성^{arete}'이라고 불렀던 것으로 모아들이는 것이라면 얼마나 이상적일까? 탁월성은 어느 한 영역에서 완벽이 취하는 모습이다. 때로는 얼마 안 남은 생이 응축이라는 방침에 부응한다. 이전까지 무시했던 모든 것을 마지막 몇 년 사이에 완성하는 식으로 말이다. 성공한 삶을 정의하면서 애매모호한 일반화에 빠지지 않을 사람은 없으리라. 하지만 모든 사람은 본능적으로 나쁘거나 추한 삶이 어떤지 안다. 정치와 교육의 중요한 문제가 여기 있다. 어떻게 패자를 위로하고 경쟁을 평화롭게 다스리며 한 번 졌던 자를 일으켜 두 번째 기회를 줄 것인가? 어떻게 해야 원한과 증오를 피할 수 있을까? 어떻게 하면 실패를 딛고 일어나되 슈테판 츠바이크의 작중인물처럼 다음과 같이 말하지 않게 할 수 있을까? "내 안에는 늘 복수하고 싶어 하는 패자가 있다."[10]

성공한 삶보다는 자기를 실현한 삶이 중요하다. 예측하지 못한 곤란 앞에 마음을 열고, 손익 계산에 얽매이지 않으며, 비록 거의 끝에 다다랐어도 미래의 힘을 믿는 삶 말이다. 성공이라는 개념은 탐색의 종결을 의미하는 것 같아 불편한 면이 있다. 가장 바랄 만한 상태에 도달했고, 그로써 모험은 끝났다고 말하는 것 같지 않은가.

목표를 달성하고 임무를 완수한 상태는 대단한 자부심을 불러일으킨다. 하지만 거기엔 묘한 우수도 깃들어 있다. 안식처를 이미 찾았기에 방황은 끝났고, 이제 지지부진할 수밖에 없는 삶의 안온한 슬픔이라고 할까. 천신만고 끝에 고향 섬으로 돌아갔으나 끝내 불행해진 오디세우스를 상상해보라. 그리스의 위대한 시인 콘스탄티노스 카바피스는 오디세우스가 이타카에 최대한 늦게 도착하기를 소망했다.

> 그러나 그대는 여행을 속히 마치지 마시오.
> 여행은 오래 지속될수록 좋고
> 그대는 늙은 뒤에
> 비로소 그대의 섬에 도착하는 것이 낫소.
> 길 위에서 그대는 이미 풍요로워졌으니[11]

귀환 자체도 또 다른 착륙이어야 한다. 우리 욕망의 가장 귀한 목표는 접근할 수 없는 동안만, 그리고 무엇보다 미처 알지 못했을 때만 가치가 있다. 우리는 목표보다 움직임을 더 귀히 여긴다. 움직이는 상태가 우리를 살게 한다. 어떤 사람은 앞으로도 계속 미래를 도모하고 싶어서 교묘하게 완전히 성공하지는 않는다(어떤 부자들은 작정하기라도 한 것처럼 재산을 다 써버린 뒤 다시 부의 축적이라는 모험에 나선다). 복음서들은 신께서 당신을 찾는다고 말한다. 그러나 끝내 신을 발견하기보다는 계속 신을 찾는 과정에 있는 편이 더 좋다.

따라서 우리는 사무엘 베케트의 말마따나 실패하고, 시도하고, 또 실패하고, 또 시도하고, 더 잘 실패하는 수밖에 없다. 오류에서 허다한 실패들을 바로잡는 과정에서 진실은 어떻게 탄생하는가? 지긋한 나이가 되어서도 우리는 여전히 자신이 될 수 있는 존재에 완전히 이르지 못했다. 바위에 붙어 사는 굴처럼 자기에게 단단히 매여 사는 삶은 피곤하다. 조금은 자기를 떠나보는 것이, 새로움과 변화의 시험을 겪어보는 것이 아름답다.

누가 나를 더 풍요롭게 해줄까? 누가 나를 나보다 더 큰 것과 연결해줄까? 인생이 한 번뿐이라서, 몸뚱이가 하나뿐이라서 얼마나 불행한지! 정체성과 성이 여러 개라서 우리를 둘러싼 다양한 삶을 다 살아보면 좋으련만! 나도 여성으로, 힌두교도로, 남미 사람으로, 중세 사람으로, 르네상스 시대 사람으로, 마야 제국의 백성으로, 늑대로, 곰으로, 새로 다시 태어나보고 싶다. 끝없는 윤회를 겪어보고 싶다!

안 되는 건 안 되는 거다

행복한 삶의 비결이 "나이를 먹고 이룬 소년의 꿈"(알프레드 드 비니,《생 마르》)만은 아니다. 더 넓은 무엇으로 응축되었다가 어떤 차원에서 펼쳐지는 운명도 그렇게 볼 수 있다. 지상의 삶은 매 순간 완벽하거니와 매 순간 완성된다. 잠재성과 가능성을 구분한다면 그렇다. 잠재성은 자기 재능을 펼치고 학습과 공부에 역량을 쏟는 시기에 특히 중요하다. 이 내적 계발이 개인에게는 꼭 필요하다. 우리는 각고의 노력과 지식을 통해서 자아에 이른다.

가능성은 다른 차원에 속한다. 가능성은 자아의 바깥에 있다. 가능성은 세상과 내 열망 사이의 타협으로, 모든 사람의 알려지지 않은 면을 드러내 그 사람이 자기를 뛰어넘게 한다. 나는 나의 능력을 통해서 자신을 실현한다. 나는 나를 앞지르고, 살아온 경험을 통해서 나를 재창조한다. 이 표현이 적확하다. '내가 그걸 해낼 수 있을 거라고는 생각도 못했어요.' 우리는 자기 통제의 가능성을 통해 존재의 현실적 확장으로 넘어간다.

헛된 희망에 흔들리지 말자. 어느 나이를 넘어서면 인생을 주사위 던지듯 새로 시작할 수가 없다. 생물학 연구, 자동차 레이스, 패러글라이딩, 수학, 아무거나 원하는 대로 할 수 있는 게 아니다. 하늘 아래 못할 일이 없다는 생각이 20세 때는 통할지 몰라도 60세에는 그렇지 않다. 미국의 '할 수 있다' 정신은 개인이 정말로 독하게 마음을 먹으면 능력에 한계가 없는 것처럼 여긴다. 효율성과 의지의 결합을 믿는 개척 국가에 어울리는 낙관주의다. 우리는 이제 도저히 선택의 필요성을 외면하거나 한계 없는 도취에 빠질 수 없다. 나이는 불확실성을 줄여준다. 그러나 제약은 우리를 속박함으로써 자유를 더욱 강화한다.

그래도 우리는 어떤 특별한 순간에는 넘치는 약동, 욕구, 꿈에 매몰되어 그것들을 분류하지 못하고 그 다채로움 앞에서 꼼짝 못한다. 자기 앞에 모든 길이 열리는 것을 보고 정신 못 차리는 소년처럼, 얼떨떨한 나머지 움직이지도 못하는 것이다. 앙리-프레데리크 아미엘이 《일기》에도 썼듯이 "현실은 옹색하나 가능성은 광대하다." 19세기 스위스의 금리생활자였던 이 작가는 모든 방향으로 나아가지 못할 바에는 아무것도 하지 않으려 했기에 평생 무기력하게 살았다.

어느 나이에나 이승에서는 새로운 잠재성이 우리를 기다린다. 프로이트는 정신분석학에 기대해도 되는 것은 "현실과의 화해가 아니라 자기 역량과의 화해"라고 말한다. "원하는 것을 원하고, 할 수 있는 것을 해내라. 현실 앞에 납작하니 엎드려 할 수 있는 것만 원해서는 안 된다. 원하는 것을 전부 할 수 있다고 믿는 것은 전능 환상이다. 그보다는 자기 역할을 하고, 자기 이야기를 하고, 자기 방식대로 세상에 반응해야 한다. 사랑하고 일하면서."[12]

오노레 드 발자크의 나귀 가죽처럼 잠재력이 점점 줄어들지언정 잃어버린 가능성을 찾아서 다시 나서는 때, 이런 것이 인생의 인디언 서머다. 감동도 받고 타격도 받을 수 있게끔 정신을 열어두고 권태에 빠지지 않아야 한다. 프루스트는 역에 서 있는 기차를 쭉 따라가면서 승객들에게 카페오레를 파는 "아침 햇살을 받아 하늘보다 더 고운 홍조로 얼굴이 발그레한" 아가씨를 떠올리면서 이렇게 썼다. "나는 그 아가씨 앞에서 아름다움과 행복을 새삼 깨달을 때마다 내 안에서 다시 치솟는 삶에 대한 욕망을 느꼈다."[13]

하루하루를 보내는 맛은 몹시 소박하지만 여기에 중요한 것이 있다. 무엇을 찾게 될지는 모르지만 새로운 오솔길들이 보이고 우리가 언제나 자기에게로 돌아가지만은 않는다는 바로 이 사실 말이다. 이것은 중지의 위대함, 홀연히 떠나고 싶은 꿈이다. 인생에서 더 나은 무엇을 바랄 수 있을까? 멋진 사건들, 우리가 자신을 넘어서게 만든 특별한 사람들과의 만남 같은 방문이 우리에게는 은총이다. 나이 든 사람은 이렇게 기도한다. 주여, 제가 죽기 전에 마지막으로 불같은 사랑과 명상을 허락하소서. 운명이 제게 허락한 좋은 것을 모두 누릴 뿐 아니라 늙어서 거듭남으로써 말년도 환한 빛을 받게 하옵소서.

'성공한' 삶은 언제나 다시 태어남의 상태에 있다. 그런 삶은 기존에 습득한 능력보다 다시 시작할 수 있는 역량이 더 크고, 끊임없이 차오르는 기운을 갖고 있다.[14] 세상이 우리에게 준 것에 만족하고 더는 요구하지 않으면서도 자기 안의 어떤 기적, 어떤 소용돌이에 대한 기대는 계속 파고들어야 한다. 출발점과 도착점 사이의 거리가 멀수록 삶은 더 풍성하다. 비록 돌이킬 수 없는 것 앞에서는 모두가 속수무책이지만 그래도 숙명을 에둘러가는 절묘한 방법은 늘 있다.

다채로운 삶을 추구하려면 서로 모순되는 두 명령을 따라야 한다. 팔자에 만족하라. 그러나 세상의 소음에, 기이한 것들의 작은 음악에 언제나 깨어 있으라. 지금의 경이에 푹 빠져 살되 바깥의 감탄할 만한 것들에 대해서도 유연한 자세를 취해야 한다. 지속의 행복과 유예의 행복, 집중의 행복과 확장의 행복, 평온과 도취, 익숙함과 도피 같은 명암의 대비만이 황홀한 노년을 불러올 수 있다.

민주주의에서는 각 세대가 새로운 나라요, 전통보다는 정보가 더 필요하다고 알렉시 드 토크빌은 말했다. 전달은 중요한 과업이 되었다. 플라톤이 《국가》에서 말했던 것처럼, 민주정에서 노인들은 내침을 당할까 봐 젊은 사람들 앞에서 비굴해지고 픈 유혹에 시달린다. 하지만 다음 세대에게 모두 맡기고 우리가 지닌 유산을 쓱싹 치워버리는 것도 그들을 돕는 방법은 아니다. 그들을 현재라는 감옥에, 그들이 이미 거울 혹은 메아리로서 반영하고 있는 당장의 시의성에만 가두는 셈이 되기 때문이다. 그래서는 성숙한 스승은커녕 비겁한 스승이 된다. 오랜 시간의 필요성을 가르치는 대신, 청춘과 순간에 영합하는 아첨꾼이 되는 것이다. 멘토가 하인이 되고 후견인은 간신이 된다.

기술 혁신 이후 가르치는 자와 배우는 자의 관계는 뒤집혔다. 아이들은 매일매일 자기 부모에게 인터넷의 기초를 가르치느라 바쁘다. 요즘 아이들은 "디지털 네이티브digital native"(니콜라스 니그로폰테)다. 지식과 지혜가 어른들에게 있다는 잘못된 평판을 그들이 박살 낼 것이다. "이제 어떤 사회 계층, 인종, 경제적 계층에 속하느냐가 아니라 잘나가는 세대에 속하는 것이 더 중요하다. 지금은 부유하다는 것이 젊다는 뜻이다. 지금의 극빈자는 노인이다."[15] 이민 2세대가 1세대의 적응을 돕듯이 지금은 자녀가 부모를 교육하고 새로운 환경에 적응시킨다. 연령의 위계질서도 뒤집혔을 것이다. '노인'은 이제 더 가르칠 게 없고 배워야 할 것만 많다. 그들은 새로운 도구에 소외당한 새로운 문맹이다.

제프 베이조스와 스티브 잡스라면 요즘 아이를 "학교에 다니기엔 너무 영리하다(학교는 로봇을 만들어낼 뿐이다)"고 할지 모른다. 하지만 누구나 모든 지식에 접근할 수 있다는 것과 엄밀한 학문의 길에 들어서는 것은 완전히 별개다. 천체물리학이나 유기화학 웹페이지를 아무리 클릭해본들 천체물리학자나 화학자가 되지는 않을뿐더러 그 분야를 대중화할 정도의 수준에 오르기도 어렵다. 그냥 무식한데 아는 척하는 사람들만 나올 뿐이다.

학자는 단지 성공한 애호가가 아니라 한 주제에 일생을 바친 사람들이다. 정작 실리콘밸리의 거인들은 자기 자녀에게 집중력과 창의성을 길러주기 위해 아이패드나 컴퓨터, 그 밖의 디지털 도구 사용을 금지한다는 사실을 알고 그런 허상에서 벗어나야 할 것이다. 지식과 노하우를 혼동하지 말자. 젊은이들의 능숙함은 기술적 쾌거일 뿐 상징적 우위성이 아니다.[16]

연장자들의 의무는 과거를 가르치고 위대한 망자들을 소생

시켜 산 자들과 더불어 살게 하는 것, 그들을 먼지 구덩이에서 끄집어내는 것이다. 그리고 이 시대가 낯설어지지 않으려면, 모르는 기호들의 우주 속에서 길 잃은 유령이 되지 않으려면, 새로운 도구의 사용법을 배워야 한다. 현대의 관료주의적 미궁 속에서 노인들의 디지털 문맹은 생존 도구를 박탈한다. 그들은 무선 주파수를 잡으려 애쓰듯이 온갖 혁신 속에서 길을 찾으려 애쓴다.

우리는 모두 어느 나이부터는 시간 속의 이민자다. 예전의 속물근성은 통하지 않는다. 반응이 바뀌었다. 공통의 언어란 기만적이다. 특수한 방언들을 공통의 언어로 바꾸려면 매개자, 번역자가 간절히 필요하다. 우리는 말을 통해 어느 시대 사람인지 드러내고 사회적으로 자리매김한다. 젊은 애들 말도 배우고, 새로운 표현도 소화하고, 요즘 시대에 재미를 붙여야 한다. 그러지 않으면 1960년대에 우리가 부모에게 핀잔을 주었던 것처럼 "요즘 누가 그런 말을 써요" 소리를 듣는다.

중고생들이 쓰는 말, 은어나 속어도 외국어 알아두듯 흥미를 가지고 알아두라. 단, 우스워지고 싶지 않으면 그런 말을 실제로 쓰는 것은 삼가거나 작은따옴표로 묶어서 예외적으로만 써야 한다. 각 연령층에는 고유한 의미론적 토템, 지금은 쓰지 않는 욕설, 그 계층과 더불어 함께 늙어가는 표현이 있다. 물론 한 세대에 속한 표현이라도 충분히 창의적이거나 흥미롭다면 공통의 어휘로 편입되기도 하지만 말이다. 우리의 언어 자체가 각 세대의 유행과 고질적 습관을 발화체 속에 쌓아놓는다. 그러한 세대의 특징이 아주 오랜만에 강에서 떠오르는 충적토처럼 부상하곤 한다.

어른의 실수는 자기가 이미 모든 것을 안다고 믿는 것이다. 그런데 지식은 인류와 보조를 맞추어 나아가는 균일한 덩어리가 아니다. 기준이 달라지고, 역사적 사건의 날짜도 이제 울림이 예전 같지 않다. 우리의 가르침과 품위를 너무 떨어뜨리지 않는 선에서 매번 끈기 있게 관용적 표현으로 전환해야 한다. 직관적으로 탈동시화 전략을 취해야 한다. 각기 다른 세대들이 서로 파장을 맞추려면 시간의 GPS가 필요하다. 멕시코의 시인 옥타비오 파스가 말했듯이 "단어들이 목이 말라 죽어간다면" 그 단어들의 의미를 모를 뿐 아니라 그 존재조차 모르는 자들에게 그런 말을 다시금 쓰고 싶은 마음이 들게 하는 것이 물을 대주는 최고의 방법이다.

과거는 우리가 되살려야 할 보물이다. 우리가 그렇게 하지 않으면 우리 후세는 과거를 박탈당한다. 후세에 세상의 열쇠를 건네준다는 것은, 우리를 모방하기를 권하지 않고 오히려 이유를 제대로 알고 반박해보라고 권하는 것이다. 그들은 아마 이 자유를 우리를 거스르는 방향으로 사용할 것이다. "나는 너에게 내 언어를 가르쳤다. 그리하여 너는 날 미워할 수 있게 되었구나."(셰익스피어) 핵심은 이렇게 말할 수 있느냐다. 계승이 이루어져 혈통은 완성되었다. 우리는 아이들을 미래에 대하여 무장시켰다. 오늘날 불행의 예언자들이 그러듯 아이들에게 삶과 인류에 대한 혐오만을 들먹이지는 않는다는 조건으로 말이다.

모든 세대는 특정한 역사적 역할을 감당한 후 다음 세대에게 자리를 내어줄 수밖에 없다. 한 세대는 이전부터 있었고 이후에도 있게 될 기나긴 사슬의 한 고리일 뿐이다. 미국의 영화배우 프레드 아스테어는 생전 마이클 잭슨을 여러 차례 만났다. 그는 마이클 잭슨에게 상당한 영감을 주었는데 한 번은 〈스릴러〉의 뮤직비디오 촬영 모습을 보고 와서 이런 메시지를 보냈다. "나는 노인이고, 교대를 오랫동안 기다려왔다네. 고맙네."[17] 훌륭한 스승은 자기 소임을 다했다 싶으면 기꺼이 퇴장을 받아들여야 한다.

죽음

그럼에도 불구하고

모든 사람은 죽는다.
하지만 각 개인에게 죽음은 큰 사건이고
비록 다 알고 동의했다 하더라도 부당한 폭력이다.

— 시몬 드 보부아르

우리를 갉아먹고 부스러뜨리는 무뢰한

모든 동화는 적어도 두 가지 방식으로 읽을 수 있다. 하나는 교육적 목표를 띠는 교훈적인 독해이고, 다른 하나는 좀 더 미묘하고 곧잘 은폐되는 방식의 독해다. 알퐁스 도데의 《스갱 아저씨의 염소》를 예로 들어보자. 이 이야기는 얼핏 불복종에 대한 우화처럼 보인다.

스갱 아저씨는 프로방스에서 가축을 키운다. 하지만 아저씨가 키우는 염소는 늘 멀리 도망갔다가 늑대에게 잡아먹혔기 때문에 한 마리도 남지 않았다. 블랑케트라는 새 염소를 들여왔지만 역시 이 시나리오대로 흘러가고 만다. 블랑케트는 심심해하고 멀리 도망가고 싶어 한다. 아저씨는 블랑케트를 우리에 가두었지만 이 염소는 울타리 틈새로 빠져나가는 데 성공한다. 블랑케트는 신나게 뛰어놀고 자유를 만끽한다. 산양을 만나서 재미나게 어울리고 맛있는 풀도 실컷 뜯어먹는다. 그러다 날이 어두워지자 염소는 겁이 난다. 키 큰 풀숲에서 늑대가 나타나 자기를 가만히 노려보는 게 아닌가. 염소는 밤새 뿔로 들이받으면서 늑대와 싸우지만 동이 틀 무렵에는 기진맥진해서 피투성이가 된 채 쓰러졌고 결국 잡아먹히고 만다.

말을 잘 안 듣는 아이들에게 이 동화를 읽어줄 때는 규칙을 잘 지켜야 한다, 부모님이나 선생님에게 반항했다가는 무서운 일이 생긴다는 메시지가 남는 것 같다. 말 안 듣는 애들은 혼이 나야지! 이 재미없는 메시지 이면에는 훨씬 더 풍부한 다른 메시지가 있다. 성년에 이른 생물은 해가 질 무렵까지 자유를 즐긴다. 그다음에는 아무리 악착같이 싸워도 결국 죽음에 이른다. 스갱 아저씨의 염소는 굴복하지 않고 진이 다 빠질 때까지 싸웠다. 밤새 이어진 이 결투가 이야기를 한결 풍성하게 해준다. "우리는 악을 제압하기 위해서가 아니라 악이 이기지 않게 하려고 싸운다."(세네카)

죽음을 각오함으로써 죽음과 화해할 수 있을까? 아니, 그렇지 않다. 죽음은 우리가 티끌로 돌아갈 때까지 결코 멈추지 않는다. 죽음은 우리를 갉아먹고 부스러뜨리는 "무뢰한"(기 드 모파상)이다.[1] 죽음은 협상 가능한 상대가 아니라 하루도 빠짐없이 우리의 생명 활동 과정을 부식시키는 냉혹한 법칙이다. 죽음과는 임시로 휴전 협정을 맺는 것만 가능하다.

워낙 유명해 수없이 표절되고 변형된 "생은 죽음에 저항하는 힘들의 총체다"라는 문장은 해부학자 마리-프랑수아 그자비에 비샤가 남겼다. 일부 저자들은 이 정의의 정확성에 이의를 제기하지만[2] 여전히 의미심장한 문장임은 틀림없다. 생은 유기체가 자기 파괴를 낳는 세포자살apoptosis을 계속 억압하는

상태다(장 클로드 아메장).[3]

　프루스트 역시 존재함은 우리 생이 지속하는 동안 파편적이고 연속적으로 일어나는 죽음들에 저항하는 것이라고 말하지 않았던가.[4] 비샤의 문장을 살짝 바꾸어 우리는 이렇게 말할 수 있을 것이다. "죽음은 생을 더 잘 되살리기 위해 파괴하는 힘들의 총체다." 우리는 지워질 것이요, 그로써 다른 이들이 세상에 나타날 것이다.

이 시대에는 기이한 불평이 들린다. 죽음이 위협을 받고 있다나. 이러다 사망 빈곤을 겪게 될 거라나. "우리가 죽음을 경험하는 마지막 세대가 되지는 않을지 두렵다." 인공지능 전문가이자 MIT 교수인 제럴드 제이 서스먼이 쓴 글이다. 죽음과의 싸움은 그 무엇과도 견줄 수 없을 만큼 중대한 목표가 되었다. 세계 최고의 부자들은 인간이라면 피해갈 수 없는 운명을, 무엇보다도 죽음의 신이라는 저 평등주의자를 피해가고자 한다. 로봇공학자 한스 모라벡은 이렇게 외친다. "물리적 신체 따위는 악마가 가져가라지. 그딴 걸 뭐에 쓴다고!"

죽음의 원인은 신체의 생물학적 과정이므로 우리는 포스트바이올로지 시대, 즉 썩지 않는 복합체로 이루어진 사유하는 로봇의 시대로 속히 넘어가 신체를 생체공학적 구조로 대체해야 할 것이다. "클론, 사이보그, 인공 장기 등이 결합하여 우리 인류에게 새로운 얼굴을 줄 것이다."[5] 정신은 질병과 죽음을 없애고 자연을 이기려 하고 있다. 죽음이 일단 골동품점에 들어가면 새로운 세대가 태어날 필요조차 없을 것이다. 억만장자들은 장차 그러한 기술이 실현되면 기계 몸에 옮겨 심을 수 있도록 자기 뇌를 당분간 모셔놓을 첨단 설비를 만드는 중이다.

우리는 흥분되는 약속의 시대에 접어들었다. 2012년 10월 6일, 비뇨기과 의사이자 외과 의사이며 대표적인 트랜스휴머니스트인 로랑 알렉상드르는 파리에서 열린 한 강연에서 장차 죽음이 종식될 것이라 선언했다. 지난 250년간 인간의 평균 수명은 세 배로 늘었고 앞으로는 다음 네 가지 시나리오 중 하나가 펼쳐질 것이다. 환경 공해로 인한 수명의 단축, 정체, 120~150세까지의 완만한 연장, 나노기술과 로봇공학과 유전자공학의 결합에 따른 질적 개선과 폭발적인 수명 연장. 그는 다음과 같은 도발적인 선언으로 발표를 마무리했다(나중에 겸허히 번복하긴 했지만). "나는 이 자리에 계신 여러분 중에도 1000세까지 사는 사람이 나올 거라 믿습니다."[6]

사람의 뇌와 인공지능의 '인터페이스'를 실현하기 위한, 실리콘과 뉴런의 대전쟁은 이미 선포되었다. 디크로니피케이션 dechronification, 다시 말해 세포를 다시 젊게 함으로써 노화를 되돌릴 수 있을 뿐 아니라 죽음 자체를 없애는 것도 시간문제다. 죽음이라는 선사 시대의 구습은 옛날이야기가 될 것이다. 관건은 기술 연구가 그 괴물을 제압할 때까지 살아서 버티는 것이다. 이탈리아의 신경외과 의사 세르조 카나베로는 컴퓨터에 새 하드디스크를 설치하듯 뇌사 상태의 멀쩡한 신체에 머리를 이식하는 수술을 하고 싶다는 뜻을 피력했다.

2011년에 프랑스의 예술가 오를랑은 죽음에 보내는 탄원서를 인터넷에 영어로 올렸다. "이제 됐다. 너무 오래 이어졌다. 멈춰야 한다. 나는 찬성하지 않는다. 나는 죽고 싶지 않다. 내 친구들이 죽지 않았으면 좋겠다. 이제 죽음에 맞설 때가 됐다." 영국의 과학자 오브리 디 그레이도 세포 조직을 재생시켜서 수명을 무한히 늘리는 방안을 제안했다. 그가 설립한 므두셀라재단(현 SENS 재단)은 부자들의 기금으로 운영되고 있다.

실리콘밸리의 새로운 조물주들, 특히 레이 커즈와일과 그가 이끄는 싱귤래리티대학교는 대대적인 연구 자금을 투입해 죽음을 공략하고 있다. 돈만 들이면 언젠가는 이루어질 일이다. 오라클의 창업자이자 세계 7위의 대부호인 래리 엘리슨은 "죽음을 생각하면 정말 화가 난다. 죽음은 아무 의미도 없기 때문이다"라고 했다.[7] 투자회사의 대표 존 유니스도 "나는 죽음도 일종의 비밀번호라고 믿는다. 몰래 빼내어 알아내기만 하면 되는 비밀번호 말이다"라고 말한다. 부자들은 불멸, 또는 죽음의 부재를 요구한다. 그들은 이 궁극의 특권을 손에 넣고 싶어 한다.

죽음의 죽음이 임박했다는 예고는 ― 어떤 사람들은 세상의 종말을 예고하는 이 와중에 ― 당황스럽다. 별을 바라보다 시냇물에 빠져 죽는다는 헤겔의 말처럼, 요란하게 떵떵거리는 예언은 위험하다. 모두가 1,000년을 살 수 있게 되면 과연 다들 그렇게 오래 살고 싶어 할까? 존재하기를 고집하며 수백 년 동안 이 행성에서 한 자리를 차지하고 있을 필요가 있을까?

오디세우스의 역설이 생각난다. 그는 이타카로 돌아가는 길에 난파를 당한다. 님프 칼립소는 그를 구해서 보살펴주고 사랑해주었다. 그리하여 오디세우스는 7년간 칼립소의 애인으로 살게 된다. 아리따운 수호자는 그에게 불멸을 선물로 주었다. 하지만 오디세우스는 허구한 날 바닷가에서 눈물을 흘리며 고향과 가족을 그리워한다. 그는 매일 밤 자신을 잠자리 상대로 삼는 칼립소가 지긋지긋하다. 여신만큼 아름답지는 않아도 페넬로페가 더 그립고 고향과 그곳 사람들이 보고 싶다. 익숙한 것의 매력이 낯선 것의 유혹보다 질기다. 제우스는 오디세우스를 측은히 여겨 헤르메스를 칼립소에게 보내 그를 고향으로 보내주라고 권한다. 오디세우스가 나흘에 걸쳐 뗏목을 완성하자 칼립소는 그를 향유로 목욕시키고 식량을 마련해준다. 망망대해로 나선 오디세우스는 무서운 폭풍을 만나지만 천신만고 끝에 결국 고향에 도착한다.

이 텍스트는 적어도 두 가지 방식으로 읽을 수 있다. 오디세우스는 칼립소에게 매력을 느끼지만 언젠가 끝날 수밖에 없는 삶, 제한된 삶을 더 좋아한다. 칼립소 또한 필멸의 인간, 생의 덧없음을 사랑하는 불멸의 존재라고 볼 수 있다. 호메로스가 우리에게 들려주는 이 이야기는 심오하다 못해 심란하다. 눈에 보이지 않으며 어디에나 있는 신들은 영생을 누리지만 죽을 수밖에 없는 인간들을 질투한다. 예수 그리스도 역시 인간의 육신으로 태어남으로써 그의 사랑을 보여주지 않았는가? 그로써 영원의 위대함과 육신을 가진 이들에게 부여된 시간의 가치를 동시에 입증하지 않았는가? 십자가에 매달려 흘린 눈물은 인간의 뜨거운 눈물이었다.

"하나님은 하늘과 땅을 만들기 전에 무엇을 하셨습니까?"라고 '변덕스러운 정신의 소유자들'이 묻자 성 아우구스티누스는 그러한 질문은 말이 안 된다고 쏘아붙였다. 하나님이 모든 시간의 창조자이므로 시간이 존재하기 전에 시간이 흐른다는 것은 불가능하다. 하나님에게는 시간이라는 관념이 없으므로 "그때라는 것도 없고 이후도 없다."[8]

그래도 질문이 부조리한 것은 아니다. 공식적으로 전능자는 영원을 바랄 만하게 하기 위해 우리가 아는 우주를 창조했다. 그런데 사실은 그 반대라면? 신이 자기 위치에 싫증이 나서 세상을 만들었다면? 신은 피조물들에게 온 힘을 다해 천국에 들어오라고 권하면서 정작 자신은 그들과 사랑에 빠지지 않았나? 신의 전능이 그의 약점은 아닐까? 인간의 의무는 신이 죽을 수 있도록 돕는 게 아닐까?

　진짜 기적은 우리에게 지복을 약속하는 온갖 환상적인 종교적 구성물이 아니라 확실한 끝이 있는 인생이다. 종교가 말하는 지복은 우리에게는 끝나지도 않는 무감각 상태일 뿐이다. 에덴동산의 즐거움도 덧없는 인간의 운명만큼 즐겁지는 못하다. 영원이 있다면 우리가 사는 지금 여기가 영원이다.

죽을 수 있다니 운이 좋기도 하지

사상사에서 불멸은 보통 세 가지로 구분된다. 유대인은 민족의 불멸을 말하고, 그리스인은 도시국가의 불멸을 말하며, 그리스도교는 개인의 불멸을 말한다.[9] 우리 시대는 신도 없고 화해도 없는 불멸, 단순한 무한 지속을 원하지만 그래도 그리스도교가 말하는 개인의 불멸을 추구한다고 볼 수 있다. 좀 더 정확히 말하자면 일개 인간도 1000세쯤 살다가 죽는 초장수를 추구한다.

중세에는 죽음이 생의 끝이 아니라 창조주에게 다가가는 길이었다. 신을 마주하고 자기가 지은 죄에 대한 벌을 받는다는 공포가 죽음에 대한 공포보다 더 컸을 것이다. 사망은 구원 아니면 영원한 벌로 가는 좁은 문이었다. 보잘것없는 지상의 재물을 버리고 더 귀하고 영원한 것을 얻는다는 희망도 있었다. 대속을 생각하면 끔찍한 공포를 조금은 달랠 수 있었다.

그리스도교가 재창조한 영원 관념의 독특한 점은, 비참하기 그지없는 한 사람 한 사람에게 중요한 자리를 부여한다는 것이다. 나라는 개인이 지상의 삶 이후에도 존재한다니, 실로 놀라운 소식이다. 태어났다는 사실만으로도 최후의 심판이라는 '테스트'만 통과하면 잠재적으로 무한한 생을 누린다. 시험은 연옥이라는 구원의 대기실에서 오랫동안 머물다 옴으로써 다소 가벼워진다. 죽은 자의 영혼은 운명이 결판날 때까지 거기서 긴 시간을 기다릴 것이다.

이 종교의 또 다른 신의 한 수는 그리스도가 한창때인 33세에 죽었다는 설정에 있다. 백발의 노인 예수는 그리 좋은 인상을 주지 못했을 것이다. 성부, 즉 아버지는 무섭고 근엄한 노인의 이미지인데 팔팔한 아들이 십자가에 못박혔으니 놀라운 서사적 발상이다. 복음서들은 영원한 젊음의 신화에 종교적 기초를 제공했다. 그리스도교에서는 역설적이게도 영생을 얻으려면 일단 죽어야 한다. 그러면 신은 영혼들의 죄과를 살피고, 중보자들이 그들을 변호한 끝에 지고의 심판이 떨어지리라. 죄를 짓고 방황한 인간도 속죄를 할 수 있다는 점에서 어떤 의미가 생긴다. 죽음은 부수적인 것을 버리고 본질만 남기는 정화의 과정이다. 내가 세상에 태어난 것은 우발적 사건이 아니다. 미미한 나의 탄생이 잠재적 부활의 대가족 속에 나를 영원히 편입시키는 까닭이다. 지상에서의 삶은 타락에서 구원으로 나아가는 순례다.

세속적 의미의 불멸은 가설에 불과하지만 썩 즐겁지만도 않은 듯 보인다. 어떤 경우에는 영생의 약속도 저주에 가깝다. 조너선 스위프트는《걸리버 여행기》에서 '스트럴드브러그'라는 불멸의 종족을 등장시켰다. 그들은 80세가 넘으면 모든 법적 권리를 잃고 허약하고 무기력한 상태로 최소한의 식량만으로 연명한다. 그래서 이 종족은 외롭고 불행하다.

　체코의 작곡가 레오시 야나체크는 카렐 차페크의 희곡을 원작으로 하는 오페라 〈마크로풀로스 사건〉을 만들었다. 이야기는 이렇다. 16세기에 태어난 가수 에밀리아 마크로풀로스는 마법사의 실험 대상이 되어 불로불사의 영약을 마셨다. 300년이 지났지만 여전히 젊고 매력적이며 아름다운 목소리 또한 그대로인 그녀는 늙지도 않고 죽지도 않는 생에 싫증이 난다. 주위 사람들은 다 그녀보다 먼저 죽거나 그녀의 방약무인한 태도에 질려서 떠나버린다. 에밀리아는 사물들과 그림자들 사이에서 아무 애착도 없이 살아간다. 자식들, 친구들도 그녀에게 무관심하다. 에밀리아는 주위의 평범한 인간들에게 "당신들은 다 죽을 거야. 운이 좋기도 하지"라고 말한다. "오, 주여, 어둠의 문을 열어주소서, 제가 그 문으로 사라질 수 있도록."[10] 죽음이라는 지평이 없는 삶은 기나긴 악몽이다. 모든 종류의 권태를 통틀어 보더라도 불멸자의 권태는 최악이다. 불멸자는 영원한 벌을 받는 자다.

다시 보지 못할 것을 사랑하라[11]

프로이트가 젊은 시인과(아마도 릴케였을 것이다) 어느 산에 올라 경치를 보면서 대화를 나누다가 계절의 변화를 언급했다. 시인은 이토록 아름다운 경치가 겨울에는 흔적조차 남지 않고 사라진다 생각하니 전혀 즐겁지 않다고 말했다. 시인은 하염없이 감탄하고 싶은 것들이 그리 오래가지 않는다는 점을 부정적으로 받아들였다. 프로이트는 덧없음이 가치를 더해주고 아름다움과 완전성은 계속 가지 않기에 귀하다고 반박한다. "하룻밤밖에 피지 않는 꽃이 있다면 그 꽃은 한층 더 화려해 보일 겁니다."[12]

프로이트는 이렇게 덧붙인다. "우리가 지금 감탄하는 회화와 조각 작품들이 언젠가 다 부서져 흔적조차 남지 않고 장차 지금의 시인과 사상가를 전혀 이해하지 못하는 인류가 등장한다 칩시다. 아니, 지상에 사는 모든 것이 멸종하는 새로운 지질학적 시대가 열린다 쳐도 좋습니다. 그렇다고 해서 우리가 이 아름답고 완전한 것들을 보고 즐김이 당치 않은 일이 되겠습니까?" 고대인 중에서도 마르쿠스 아우렐리우스는 일찍이 비슷한 깨달음을 얻었다. 위대한 문명이 완전히 잊히고 땅속에 파묻히리라. 언어, 종족, 제국, 그 모든 것이 사라지리라. 그것이 언젠가 역사에서 부상하기 위해 치러야 할 대가다.

릴케는 만물의 무상함에 우울해하지만 프로이트는 소멸하는 것의 환희를 찬양한다. 이 대화의 연장선에서, 만약 릴케의 소원이 이루어진다면 어떨지 상상해보자. 자연과 문화의 아름다움은 전혀 시들지 않을 것이다. 인생은 영원한 봄날일 것이다. 과거에 세워 올린 것들은 모두 그대로 남을 것이다. 수백 년이 흘러도 잊히거나 흐려지거나 대체되지 않고 그 자리를 차지할 것이다. 모든 시대, 모든 문화의 건축물이 차곡차곡 누적될 것이다. 이렇게 되면 다시 볼 수 없다는 아쉬움은 끝이 없다는 절망으로 바뀔 것이다. 우리는 이전 문명들의 총체, 어릴 적부터 경험한 모든 사건의 총체에 지배당하고 잠식당할 것이다. 우리를 포함해 그 무엇도 사라지지 않는다면, 삶을 견딜 수 없을 테고 영원은 소멸만큼 끔찍할 것이다. 지속되지 않는 것에는 통렬한 위대함이 있다. 그렇지 않고서야 찰나에 번득이는 계시, 순간과 영원이 하나로 합쳐지는 때가 어찌 있을까. 자크 프레베르의 이 시는 그 위대함을 잘 표현한다.

천년만년이라도

그대가 내게 입맞춤하고

내가 그대에게 입맞춤하는

영원한 순간을

다 말하지 못합니다.

겨울 햇살이 내리쬐는 아침

몽수리 공원은 파리에 있고

파리는 지구에 있고

지구는 수많은 별 중 하나

—자크 프레베르, 〈정원〉

　폐허를 보면 괜히 슬픈 이유는 우리를 호시탐탐 노리는 정
신적 석화 작용이 광물 차원에서 구현된 것 같아서가 아닐까?
죽은 시간이 산 시간을 이겨버린 것 같은 모습이니 말이다. 열
정적인 유럽인이라면 한 번쯤 로마, 프라하, 베네치아, 빈, 아테
네, 크라코비아, 그라나다에서 스탕달 신드롬에 사로잡혔을 것
이다. 스탕달 신드롬이란 위대한 예술품을 마주하고 압도당한
나머지 숨이 막히고 쓰러질 것 같은 상태가 되는 것이다. 과거
의 비대함이란! 그리스-로마, 아랍-안달루시아, 오스트리아-
헝가리의 거대 영묘들, 그 찬란한 돌덩이, 궁전, 성, 성당 들은
우리를 압도한다. 오늘날 걸작 과잉으로 소화불량을 유발하는
대형 미술관들도 마찬가지다.

바로크, 고딕, 로마네스크 양식의 경이로운 작품들은 '과감해져 봐!'라고 말하지 않는다. 우리는 시대를 초월한 것의 종이 되든가 옛날을 소비하는 처지가 될 뿐이다. 그런 석조물을 보면 잘 보존해야겠다는 마음과 마구 더럽히고 싶다는 충동이 동시에 든다. 경건하게 지켜나가고 싶은 마음, 불경하게 망가뜨리고 싶은 마음 사이에서 왔다 갔다 한다. 이 죽은 돌들을 고고학에서 끄집어내 살아 있는 건축물로 변신시키는 것이 교육의 일이다. 그런 유물들로 우리네 도시와 나라의 약동하는 심장을 만들어 이 시대에 편입시키는 것이 중요하다. 위대한 건축물들이 기념 혹은 우르르 몰려다니는 관광의 대상에 그치지 않으려면 모든 세대가 그것들에 다시금 정신성을 부여해야 한다. 부단히 과거를 다시 우리 것으로 만들어야 한다.

우리를 소멸시키는 것과 계약을 맺고 후회와 상실을 존재의 행복에 불가분한 요소로 받아들여야 한다는 것, 이것이 인간 실존의 비극이다. 흘러가는 것에 대한 슬픔은 결코 사라지지 않고 현존하는 것 때문에 느끼는 불행에 비교가 되지도 않는다.

그저 혼잣말을 할 뿐,
"그 시간, 그곳에서
어느 날 나는 사랑받았고 사랑했습니다……."[13]

죽지 않는 인간의 꿈은 어제오늘 일이 아니다. 수 세기 동안 무병장수의 예언자들은 오만 가지 방법을 시도해보았다. 젊은 피 수혈, 영약, 칼로리 섭취 제한, 완전 채식, 마법의 혈청, 불가리아 요구르트, DHA 등등.[14] 모든 사람에게 세포 재생이나 저온 요법으로 100세의 수명을 보장할 수는 없다. 그렇지만 철저한 절제라는 방법이 남아 있다. 19세기에 실증주의의 창시자 오귀스트 콩트는 스스로 정한 엄격한 생활 수칙을 따랐다. 담배, 커피, 술, 자극적인 음식을 삼갔고 식사량을 제한했으며, "본능 가운데 우리를 가장 교란하는 것인"[15] 섹스도 삼갔다. 안타깝게도 실증주의의 창시자는 이토록 애를 쓰고도 59세에 세상을 떠났다. 노력에 비해 보잘것없는 결과였다.

건강을 지키려고 애쓰는 이들에게는 죽지 않으려 발악하다 사는 법을 잊어버린다는 반작용이 돌아오곤 한다. 신체 세포와 조직 보존, 손상된 기관의 교체, 정기적인 검진, 세포 리프로그래밍, 스마트 기기 이식 등에 에너지를 다 빼앗긴다면 진짜 중요한 이 질문이 밀려날지도 모른다. 그렇게 해서 번 시간으로 무엇을 할 것인가? 어떤 사람은 몸에 좋다면 뭐든지 다 하고 술, 맛있는 음식, 섹스를 삼간다. "접시가 가벼울수록 명줄이 길어진다"고 하니 소식을 하고 비타민이니 뭐니 하는 건 강보조제를 챙겨 먹는다. 드라큘라처럼 세포와 혈액을 새로 주입받기도 한다. 100세까지 그저 생존하기 위해서 진짜 삶을 스스로 금하는 형국이다.

장수는 유전적 행운과 부단한 자기관리의 결과지만 가끔은 자기 몸을 채찍질하던 옛 고행자들이 떠오르게 한다. 솔직해 지자. 다들 짧고 굵게 누리고 싶은 마음과 가늘고 길게 살고 싶은 마음 사이에서 왔다 갔다 하지 않는가. 오래 살고 싶은 사람들이 있고 제대로 느끼며 살고 싶은 사람들이 있지만 대 다수는 양쪽을 다 원한다. "질기게 살아남고픈 질긴 욕망"(폴 엘뤼아르)은 상당한 절제를 요구하는데도 표준적인 가치가 되 었다.

20세기 말에 어느 방송 프로그램에 나온 미국인 대학생은 140세까지 사는 것이 목표였다. 그는 곡물과 천연즙 위주로 하 루 한 끼만 먹고 술은 한 방울도 입에 대지 않으며 섹스, 자위 행위, 위험성이 있는 활동을 삼갔다. 빼빼 마른 그 청년은 심한 우울증을 앓고 있노라 고백했다. 오늘날 새로운 불멸을 추구 하는 순교자들이 딱 이렇다. 그들은 수명 연장에 정신이 팔려 그 연장의 의미를 묻지 않고 자기도 모르게 현재를 지옥으로 만든다. 키케로의 말마따나 "짧은 생도 충분히 아름답고 좋을 수 있을 만큼은 지속된다."[16]

우리는 100세 넘게 장수한 이들에게 도대체 비결이 뭐냐고 눈을 빛내며 묻는다. 그들의 대답은 늘 비슷비슷하다. 많이 웃고, 잘 먹고, 많이 마시고, 왕성하게 사랑하고, 담배도 피우고, 아무것도 금하지 않았다나. 나하고는 정반대라는 생각에 마음이 점점 불편해진다. 주치의가 나한테는 그것들을 당장 끊지 않으면 올해를 못 넘길지도 모른다고 했는데? 이 사람들은 뭔데 나에게 금지된 것을 누리고도 이렇게 잘만 살지? 어떤 사람들이야?

지금까지 시간을 번다는 것은 내 시간을 귀찮고 굴욕적인 잡일에 빼앗기지 않는다는 뜻이었다. 지금부터는 악착같은 생산성 지상주의, 악착같이 얻어낸 하루하루의 축적을 뜻한다. 영원히 살려고 하는 일에 매달리느라 죽는 것과 비슷하다고나 할까. 사랑도 그렇지만 인생도 마라톤 경주처럼 조절을 잘해가면서 오래 버티는 것만이 능사가 아니다. 관계, 감정, 참여의 질이 중요하다. 인생이 신체 기관들을 꼼꼼히 살피고 계속 수리하는 과정일 뿐이라면 무슨 가치가 있을까? 요양기관에서 추억을 곱씹는 일이 전부이거나, 늙고 노망이 나서 아기처럼 남들이 먹여주고 입혀주고 씻겨주는 대로 살아가며 끝을 기다리는 노인들보다 애처로운 이는 없다.

시간을 없애거나 잊고 싶은 사람, 혹은 시간이 빨리 가길 바라는 사람, 그 어느 쪽에 속하든 동요나 예기치 못한 충격의 순간이 분명히 찾아온다. 치열함인가, 버티기인가. 분명히 성가신 양자택일의 문제다. 무미건조한 삶을 오래오래 살 것인가, 진짜 부딪히고 느끼는 시간의 충만함을 누릴 것인가. 오래 살면 그 대신 점점 쇠약해진다는 위험 요소가 있다. 이미 여러 번 언급했던 이탈로 스베보의 소설에서 가져온 이 성찰은 기가 막히다. "나는 왜 몸에 나쁜 담배를 계속 피울까? 죽지 않을까 봐 두렵기 때문이다." 프랑스의 가수 세르주 갱스부르가 네 번이나 심장마비를 겪고도 끝까지 하루 두 갑에서 다섯 갑의 담배를 즐겼다는 사실을 기억하자(결국 1991년에 일어난 다섯 번째 심장마비가 그를 데려갔다).

우리 안의 좀비

　삶이 위축되고 둔탁해진 나머지 공포영화에 나오는 좀비처럼 정신적 기능이 아예 멈춘 듯이 느껴지는 때가 있다. 뇌도 없고 감정도 없이 신선한 살덩어리에 대한 욕구만으로 움직이는 죽은 자들 말이다. 이 괴물들은 르네상스 시대부터 서양 회화에 등장했는데, 그 이름은 아이티에서 유래했다. 좀비는 우리의 마음을 사로잡는다. 살지도 못하고 죽지도 못한 채 그저 움직이는 모든 것을 잡아먹는 좀비는 그로테스크한 불멸을 구체화한다.

　좀비란 무엇인가? 영화 속의 좀비는 자기가 살아 있다는 걸 모르는 죽은 자다. 현실의 좀비는 자신이 이미 죽었다는 걸 모르는 산 자다. 좀비는 말을 못 한다. 귀에 거슬리는 신음, 우는 것 같은 그들의 소리는 저주받은 존재의 운명을 나타낸다. 조지 로메로 감독의 영화 〈살아 있는 시체들의 밤〉에서 나온 것처럼, 좀비는 혼란스럽고 흉포하다. 고통스럽게 몇 년이고 무기력하게 늘어져 있다가 살아 있는 인간이나 동물의 기척을 느끼면 갑자기 깨어난다. 좀비는 아무리 먹어도 배를 채우지 못한다. 반쯤 뜯어먹힌 시체처럼 성치 않은 손가락, 망가진 얼굴을 하고서 피와 내장을 질질 흘리면서 먹는다. 썩다 말아서 영면에 들지도 못하는 좀비는 부패에 탐닉하는 일종의 병적 낭만주의를 자극한다.

좀비는 세상 끝의 부활을 패러디하듯 세월이 어떻게 가는지 모르게 정신을 빼놓고 있다가 막판에 벌떡 일어나는 존재다. 좀비를 안식에 들게 하고 다른 사람들도 두 발 뻗고 살려면 머리를 쳐서 다시 한번 죽여야 한다. 이집트 《사자의 서》에 따르면 모든 사람은 두 번 죽는다. 영혼이 육신을 떠날 때 처음으로 죽고, 그를 기억하는 마지막 사람이 죽을 때 다시 죽는다. 모두가 소중한 사람들의 기억 속에서 같은 속도로 사라지지는 않는다. 어떤 이는 당신의 장례식에서 제일 서럽게 울었지만 가장 먼저 당신을 기억에서 지울 것이고 또 어떤 이는 두고두고 당신을 그리워할 것이다.

꼭 죽는 날 죽는 것이라고 할 수도 없다. 살아 있어도 죽은 것처럼 지내기도 하고 훨씬 나중에, 후손들이 돌아가신 선친 반열에 올려줄 때 비로소 죽기도 한다. 예술가, 가수, 배우, 정치인 중에 살아 있으되 사라진 자가 얼마나 많은가. 그들은 동시대인들에게 이런 잔인한 말을 끌어내곤 한다. 그 사람 아직도 살아 있어? 난 진작 죽은 줄 알았지! 나폴레옹은 1821년 5월 5일에 죽었지만 그 소식은 거의 두 달이 지나서야 영국과 프랑스에 전해졌다. 반응은 거세지 않았다. 정치가 샤를-모리스 드

탈레랑-페리고르는 "사건이 아니라 소식일 뿐"이라고 대꾸했다. 경력과 명성을 다한 후에 죽는 것은 비참하다. 그래서 어떤 노배우들은 무대에서 죽겠다는 각오로 끝까지 버틴다. 바로 그 각오가 그들을 먹여 살린다. 그 각오가 그들을 초월한다.

우리는 종종 부지불식간에, 말하는 시체처럼 의지력 없이, 생기 없이, 기계처럼 움직인다. 그러나 나이에 상관없이 인생에는 늘 중대한 도전과제가 있으므로 정신의 사막에 파묻히지 않고 일어나야 한다. 죽기도 전에 사라지지 않도록 노력해야 한다. 어느 날 갑자기 죽는 것보다 진정한 사랑과 애착을 경험해보지 못하는 게 더 나쁘다. 현재보다 과거가 더 무겁게 느껴지는 때가 온다. 그 무게가 얼마나 큰지 무거운 짐꾸러미 내려놓듯 내려놓고 싶어질 것이다.

모든 사람은 두 번 죽는다.

영혼이 육신을 떠날 때 처음으로 죽고,

그를 기억하는 마지막 사람이 죽을 때 다시 죽는다.

모두가 소중한 사람들의 기억 속에서

같은 속도로 사라지지는 않는다.

어떤 이는 당신의 장례식에서 제일 서럽게 울었지만

가장 먼저 당신을 기억에서 지울 것이고

또 어떤 이는 두고두고 당신을 그리워할 것이다.

베이비붐 세대는 누구인가? 젊음을 찬양하고 권위를 거부
하며 위계질서와 가부장 권력의 종식을 이론화한 세대다. 전능
한 욕망의 이름으로 규칙과 금기를 싹 쓸어버린 세대이기도 하
다. 그들은 몰상식한 정념도 무죄이며 정념을 한껏 누릴수록 유
쾌하고 기쁘게 살아간다고 믿었다. 하지만 이 너그러운 세대는
자식들에게 방만에 가까운, 권위에 대한 거부 말고는 아무것도
가르치려 들지 않았다.

이 세대는 태만을 신조로 삼고 무관심을 미덕으로 여겼으며
자기네들의 직무유기를 최고로 자유로운 교육철학으로 둔갑시
켰다. 그들은 친구 같은 아빠나 엄마가 최고라면서 부모와 자
식의 차이를 부정했고 '너 하고 싶은 대로 해'라는 한없이 관대
한 지침 외에는 아무것도 제안하지 않았다. 그래서 이 "애 같은
어른들"(에드가 모랭)은 자식들에게 미래를 대비할 역량을 심어
주지 못했다. 그들은 신인류를 낳았다고 생각했지만 실은 극도
로 불안한 세대, 자칫 보수주의로 기울기 쉬운 세대를 키웠다.
그래서 오히려 이 자식 세대는 질서에 대한 요구, 경직된 사고,
기준의 필요성을 느낀다.

이 애늙은이들은 피터팬 신드롬에 빠진 부모에게 제발 나잇값 좀 하고 책임감 있게 살라고 말한다. 하지만 배 나오고 머리 빠지고 노안까지 온 베이비부머들은 이제 사회적으로 자리도 잡고 견실한 사람이 되었어도 젊은 날의 허상을 버리지 못한다. 죽는 날까지 늙은 개구쟁이일 부모들, 그리고 늘 불안해하며 너무 일찍 늙어버린 자식들. 자식들은 부모가 성장을 거부함으로써 자기네들의 젊음을 훔쳤음을 의식한다.

그러다 보니 30세가 되어서도 (경제적인 이유로도) 부모와 함께 살며 빈둥거리는 자식들이 있다. 종교를 명목 삼아 잔인무도한 독재자들이 시키는 일을 하는 지하디스트 중에는 아버지 없이 자란 젊은이가 많다. 천국에 가려면 무기를 들고, 여자들을 노예로 삼고, 끝없이 살상을 저질러야 한단다. 완전한 무정부주의가 지독하게 굴종하기도 한다는 것을 잘 보여주는 예다. (무정부주의자란 자기 목을 칠 폭군이 없기 때문에 "신도 없고 주인도 없다"고 외치지만 은근히 절대 권력에 향수를 품는 자다.) 모든 세대는 이전 세대를 상징적으로 살해하고 일어나기 마련인데 요즘 아이들은 대부분 이 특혜를 박탈당했다. 세대 간 평등에 기초한 지나치게 자유로운 교육의 비극은 사실상 교육이 되지 못한다는 데 있다. 베이비붐 세대는 전화선 끊어먹듯 전달을 끊어버렸다.

최근의 예를 들어보자. 16세의 스웨덴 소녀 그레타 툰베리가 지구온난화와 맞서 싸우는 영웅으로 등극했다. 툰베리는 노벨상 후보에 올랐고 수많은 국가 원수와 교황을 만났으며 수만 명의 고교생을 몰고 다닌다. 지구를 위해 눈물 흘리는 소녀, 갈래머리를 한 소녀의 근심 가득한 얼굴은 다가올 재앙의 상징이 되었다. 그러나 말괄량이 삐삐와 잔다르크를 합쳐놓은 것 같은 스칸디나비아 출신의 피티아Pythia(델포이 신전에서 신탁을 받는 여사제―옮긴이)는 대중매체가 오래전부터 주입한 메시지(인류의 모험은 끝났다, 종말이 머지않았다)를 그대로 취하고 있을 뿐이다.

희한한 복화술이다. 사람들은 진작 주입당한 생각을 툰베리와 그 팔로워들에게서 재발견하면서 흥분한다. 남의 말을 따라 하는 아이들을 보면서 황홀해한다. 새끼 앵무새들이 우리를 혼내고 깊이 숙고해야 할 교훈을 준다. 하지만 아이들은 지속적인 교육이 주입한 말을 메아리처럼 되풀이하고 있을 뿐이다. 어린아이의 얼굴을 한 니힐리즘은 재앙론자들에게 직접적으로 영향을 받았다. 지구가 곧 불구덩이가 되고 천재지변이 일어날 거라고 허구한 날 외치니 공포의 선전 효과에 아이들은 피폐해졌다.

우리는 기후 변화를 막기 위한 투쟁의 이름으로 공포에 빠진 세대를 키웠고, 그로써 어릴 때만은 태평하게 자랄 권리를 빼앗았다. 아이들을 결집하기보다는 그들에게 겁을 줬다고 봐야 한다. 나이에 구애되지 않을 권리만 생각하면 아이는 아이답게 자랄 수 없다. '미래를 위한 세계 기후 파업'은 젊은이들에게 이제 너희도 오래 못 간다, 모든 것이 붕괴하기 시작했다고 설명하는 시점에서 일어났다. 온 세상이 환경을 걱정하고 있지만 서양 특유의 데카당스는 아이들에게 겁을 줬다.

우리 시대만 누리는 유일한 연령 간 관계는 상호 모방이다. 우리는 애들을 흉내 내고 애들은 우리를 따라 한다. 어른은 미성숙을 꿈꾸고 아이는 책임을 다하는 태도라는 무거운 짐을 진다. 하지만 그런 책임은 공포의 설교자들이 아이들에게 미래를 대비하게 하는 대신 겁을 주면서 체화시킨 것이다. 연약하고 영향받기 쉬운 아이들의 뇌에 절망을 주입하면 타격이 크다. 그런 건 이미 교육이 아니라 인생을 이제 막 시작하는 새로운 세대에게 더러운 팔자를 뒤집어씌우는 저주다.

영원

불멸의 필멸자들

너에게 닥치는 일이
네 뜻대로 닥치기를 바라지 말라.
만사가 일어나야 하는 대로
일어나기를 바라는 자는 행복할 것이다.
— 에픽테토스

━━━━　어릴 때 중병에 걸려서 좋은 점이라고는 훗날 나이가 들어서 몸을 챙기고 이것저것 삼가야만 할 때 충격이 좀 덜하다는 것뿐이다. 인생 초장에 죽을 고비를 넘겨보면 그 후의 삶은 특별하게 다가온다. 끝없이 지독한 고통, 병원 생활, 재발, 일시적 차도, 이런 레퍼토리는 다들 알 것이다. 우리는 연약함을 경험해봤다. 건강 관리가 절실한 상황이어도 당장 어떻게 될 것 같은 기분은 들지 않는다. 어릴 때는 병약했는데 건강한 어른으로 자라는 경우도 많다. 그동안 무사히 빠져나온 안 좋은 일들을 기억하면 다음에도 역시 괜찮을 거라는 자신감이 생긴다. 그래서 오디세우스처럼 이렇게 생각한다. '버텨라, 마음아. 너는 이미 더 가혹한 시련도 견디지 않았느냐.' 최악을 가까스로 모면한 사람은 기쁨으로 가슴이 벅차다.

회복은 소극적인 의미의 행복, 즉 불행이 없는 상태와 비슷하다. 팔다리를 못 썼던 사람이 다시 쓸 수 있게 되면 그렇게 좋을 수 없다. 다시 걸을 수 있고, 입맛이 돌아오고, 다른 사람들과 어울릴 수 있으면 더없이 행복하다. 병원이나 요양원, 혹은 음침한 방에 격리당한 채 생활하던 사람은 평범함이 특별함이 되는 이 예외적인 순간을 경험한다. 누구나 누리는 평범한 일상이 소중한 이상이 된 것이다. 이 행복은 일단 불행이 사라져야만 경험할 수 있다.

병이 우리에게 가르쳐주는 것

질병은 우리에게 적어도 조심성, 저항, 연약함이라는 세 가지를 가르쳐준다. 수학자 파스칼은 〈질병의 선용善用을 간구하는 기도〉에서 병은 건강을 잘못 사용한 이에게 신이 내리는 벌이라고 했다. 하지만 그가 보기에 질병은 꼭 필요한 교정, 세상의 달콤함과 이승의 기만적인 쾌락을 멀리하는 수단이기도 했다. 파스칼은 병이 "위안이 있는 재앙"이며 죄인을 하나님에게로 다시 이끈다고 말했다. 그리스도가 인류의 죄를 씻기 위해 고통을 당했듯이 가엾은 병자는 자기 몸의 상처를 긍휼히 살펴야 한다. "그러니 주여, 그 모든 것과 내 죄로 인한 고통을 느끼게 하옵시고 성령의 위로를 은혜로이 내려주옵소서."

파스칼이 보기에 질병은 신이 보내는 신호요, 아픔을 참고 견딤으로써 조물주와 다시 가까워지는 방식이다. 그러니 이 시련을 준 신에게 감사를 드려야 한다. 파스칼의 기도에는 반감을 불러일으키는 병적인 금욕주의 이상의 그 무엇이 있다. 그것은 고통으로써 선택받았다는 자부심, 전능자의 의지가 내 신체에 임했다는 확신이다. 질병은 신이 가장 충성스러운 백성에게 보내는 메시지다. 열정적으로 해독해야 할 언어이고, 아주 특별한 복음이며, 거의 위로에 가깝다. 그래서 이제 아픔은 아프지 않다. 신께서 친히 관심을 기울여주셨으니 피조물은 기뻐함이 마땅하다. 아픔은 연옥으로 나아가는 한 걸음, 구원을 받기 위해 반드시 거쳐야 할 단계다.

아무리 가벼운 병도, 단순한 감기조차도 우연한 사건 이상의 의미가 있다. 질병이라는 경험, 삶의 또 다른 국면에 대해 우리 모두는 피해자이자 수혜자다. 자신의 창자, 기관지, 관절에 좌우되는 상황에 놓이면 겸손을 배우게 된다. 우리는 자신의 가장 내밀한 곳에서 비롯된 질병에 '걸리는데' 그 병은 심할 경우 우리를 앗아간다. 고통은 극복만 한다면 세상 물정을 깨우치는 계기가 되기도 한다.

병은 우리를 후려치고, 각성시키고, 자신의 정체성을 갖게 하고, 어떤 질서에 편입시킨다. 심장병 환자, 폐병 환자, 관절염 환자, 경화증 환자, 류머티즘 환자, 고혈압 환자, 고지혈증 환자, 그리고 여러 가지 질병을 함께 앓는 환자도 있다. 같은 병을 앓는 사람들은 한 무리로 엮인다. 서로 속내도 털어놓고 조언도 주고받으면 힘든 와중에도 덜 외롭다. 이 때문에 모든 사회, 모든 문화는 질병에 다른 의미를 부여하려고 힘썼다. 모든 건강하지 못한 상태에는 반드시 꼬리표가 달려야 했다. 그 꼬리표에 어떤 이들은 절망하고 또 다른 이들은 흥분한다. 낭만주의는 각각의 병을 예술적 영감의 전주곡 수준으로까지 격상시켰다. 보들레르와 모파상의 매독, 도스토옙스키의 간질, 프루스트의 천식, 루소나 카프카의 우울, 프리츠 조른의 암이 그랬다.

결핵은 인상적인 문학을 낳았다. 토마스 만은 《마의 산》에서 다보스에 있는 베르그호프 요양원을 유쾌한 휴가지처럼 묘사하지 않았던가. 전쟁이 터지기 전 1914년에 청년 한스 카스토르프는 사촌의 병문안을 왔다가 이곳의 분위기에 매혹된다. 그는 이 장소, 여기서 만난 사람들을 마음에 들어 하고 클라우디아 쇼샤라는 여성에게 반해버린다. 카스토르프는 결핵이 저 아래 평지 사람들은 모르는 아주 특별한 지성을 가져다준다고 생각하고 결국 그 자신도 "분별없음의 원리, 질병의 절묘한 원리"에 따라 그 요양소에서 치료를 받는 신세가 된다. 마침내 완치 판정을 받고 산에서 내려왔을 때는 '건강'하다는 인간 집단이 판을 짜놓은 세계대전의 광기 속으로 들어가야 했다. 바꾸어 말하자면 "죄가 구원의 첫 번째 조건인 것처럼, 지고의 건강에 도달하려면 질병과 죽음을 깊이 체험해야만 한다."(토마스 만)

건강한 자들은 아직 자기가 병든 것을 모르는 환자들이고 병자들은 이미 자신에게 병이 있다는 명철한 의식이 있기에 치유를 생각할 수 없다. 정상과 질병의 경계는 흐릿하다. 철학자이자 신학자인 프란츠 폰 바더는, 구두 수선을 업으로 삼았던 독일의 신비주의자이자 신지학자인 야코프 뵈메를 따라 질병이 어긋난 생명력의 표현이며, 생이 자기 자신을 공격하고 집어삼킨 결과라고 주장하지 않았던가?

하지만 이러한 사색에서 벗어나면 질병은 불길하거나 이로운 선택이라기보다 통계적 저주에 가깝다. 누구나 나이가 웬만큼 들면 병에 걸릴 위험이 높아진다. 부당함은 없다. 그냥 확률일 뿐이다. 질병은 장수가 치르는 대가다. 어떤 병은 더 심각한 병을 방지해준다. 잔병치레가 많은 사람은 중병을 피할지도 모른다. 늘 골골대는 사람에게 완치란 없고, 그냥 병에 적응해서 사는 거다. 반면, 어떤 병은 진단을 헷갈리게 한다. 속으로 조용히 진행되면서 사람을 갉아먹는 더 심각한 질환을 가려버린다.

이런 격언이 있다. 50세가 넘었는데 아침에 일어날 때 어디 아픈 데가 없으면 당신은 이미 죽은 거다. 통증은 살아 있다는 증거다. 몸뚱이가 삐걱대고 항의하고 화를 낸다. 그런 면에서 우리 모두는 자기 몸에서 개선이나 쇠락의 신호를 늘 관찰하는 "경험에 의존한 의사"(고트프리트 라이프니츠)다. 나이가 많아도 개의치 않고 과식과 과음과 무리한 성생활을 즐기는 사람은 많다. 그렇지만 왕년의 로커들처럼 코카인과 버번에서 중간 단계도 없이 녹차와 미네랄워터로 갈아타고 자기를 관리하는 사람들도 많다. 방탕한 생활과 약물 남용에도 불구하고 세쿼이아 껍질보다 더 쪼글쪼글한 얼굴로 살아남은 유명 기타리스트나 가수를 보면 서명운동과 기금 조성으로도 복원하지 못할 만큼 훼손된 문화재를 보는 기분이다.

고통의 위계

젊을 때는 몸이 우리의 친구, 아니 하인에 더 가깝다. 우리가 따로 챙기지 않아도 알아서 회복되고 생각대로 착착 움직여준다. 때로는 몸이 기대 이상의 여력과 역량으로 우리를 깜짝 놀라게 한다. 그럴 때는 우리가 천하무적인 것 같다. 30세부터는 사정이 달라지고 몸이 지속적인 관심을 요구한다. 하인은 까다로운 주인이 되어 우리를 허구한 날 닦달하고, 이게 호들갑인지 걱정인지 헷갈리게 만든다. 지금 경각심을 가져야 하는 건가, 아니면 내가 너무 겁을 먹은 건가? 자기는 병이라는 걸 모르고 살았다고 허풍선이는 말한다. 그러면 걱정해야 하는 게 맞다. 늘 병을 달고 살았지만 다 이겨냈다고 말하는 사람도 있다. 자랑을 삼가라. 소심한 사람들은 아주 가벼운 병증에서도 재앙의 조짐을 본다. 그들은 응급실로 달려간다. 창백한 안색, 빈맥, 기립성 실신, 과호흡, 급격한 복부 통증이 그런 조짐이다.

사회는 예방을 명목으로 이런저런 질병을 조심하라고 계속 강조하고 공포를 느끼는 세대들을 양산한다. 조심성과 미칠 듯한 불안은 그리 다르지 않다. 어디 그뿐인가. 어디서 들은 말로 환자가 되는 사람들도 있다. 떠들썩한 소문이 도는 병, 가장 친한 친구의 병이 다 자기 병이다. 다른 사람이 걸린 병이면

나도 걸리겠지…….

　의사 없이도 살 수 있는 사람은 거의 없을 것이다. 진짜 몸이 아파서가 아니라 자기 말을 들어주고 자기 몸을 보살펴주는 이가 필요한 사람들이 있다. 이들은 건강의 지속, 단조롭고 한결같은 건강 상태를 참기 힘들 것이다. 육체의 손상 정도가 미묘한 경쟁심을 낳을 수도 있다. 자기가 걸린 병은 잔뜩 띄우고 다른 사람이 겪은 시련은 대수롭지 않게 여기는 경우가 얼마나 많은가? "수술이 두 시간 반밖에 안 걸렸어? 큰 수술은 아니었네! 난 수술대에 내리 여덟 시간을 누워 있었다니까! 세 번이나 혼수상태가 와서 진짜 저승 문턱까지 다녀왔지." 이렇게 과시적인 환자들이 있다. 그들은 이러한 체험담을 통해서 특별한 취급을 받으려 하기에 마치 전쟁 기억을 떠올리는 군인들처럼 끔찍하고 인상적인 일화들을 늘려나간다.

　그들은 웬만한 환자는 자기 앞에서 명함도 못 내민다고 생각하는 절망의 귀족 계급이다. 질병으로도 귀족 계급과 평민이 나뉜다. 평민들은 끔찍한 문제들을 바보같이 감내하지만 귀족들은 고통을 위엄 있게 지고 결점도 명예로운 메달로 바꾼다. 그들은 불확실한 상태에서 살아 돌아왔다. 그들은 꿰맨 흉터, 음산한 칼자국을 노출하고 싶어서 옷을 벗는다. 그런 상처를 보여줌으로써 위협하려는 것이다. 그들은 상흔을 자랑스러워하는 자들, 과학의 제단에 못 박힌 세속적 그리스도다.

그들은 남의 투병기를 자기네들의 시련에 비교하는 것도 싫어한다. 질병에 호되게 당한 후로 그들의 입담은 마르지 않는다. 만사를 제쳐놓고 자기 얘기를 해야만 직성이 풀린다. 하루하루가 증인 앞에서 끌고 나가야 할 새로운 싸움이다. 그들은 질병의 소식지를 발행하고 헤드라인을 뽑는다. 그들은 연민을 자극하기보다는 충격을 주고 싶어 한다. 허풍선이의 이면에는 금욕주의자의 조심성이 있다. 그는 곧 죽게 생겼는데도 에둘러 말하고 자신의 건강 문제를 간략하게만 말한다.

남의 건강 문제를 유독 꼬치꼬치 캐묻고 자기가 도와주겠다고 하는 사람들이 있다. 그런 호기심은 수상쩍다. 그들은 우리가 아파하는 모습을 좋아하고 우리가 팔팔하고 잘나갈 때는 싫어한다. 그들이 바닥에 쓰러진 우리를 본다면 조금 덜 외로울 것이다. 우리의 고통이 그들의 고통을 조금 가볍게 하기 때문에 그들에게는 기쁜 일이 된다. 21세기에 병에 걸리면 의학의 놀라운 진보가 기쁘기도 하고 의술이 이렇게 좋아졌는데도 우리를 구하지 못할까 봐 두렵기도 하다. 의학은 인공지능, 면역요법 쪽으로 더욱더 발전할 것이다.

의학이 아직 마법이나 주술 비슷하게 여겨지던 시대에 몽테뉴는 의사들이 온갖 연고, 고약, 식이요법으로 환자들을 휘어잡고 권위를 행사하려고 "건강을 나쁘게" 한다고 성토했다. 그는 디아푸아뤼스(17세기 프랑스의 극작가 몰리에르가 쓴《상상병 환자》에 나오는 의사 이름—옮긴이) 족속에게 진료를 받지 않고 건강을 지키려면 관습과 풍속에 의지해야 한다고 주장했다.

우리 시대 사람들에게 의학의 한계에 부딪히는 것보다 무서운 일은 없다. 이 시대는 실패를 용납하지 않는다. 지금은 실패에서 게으름, 의지박약, 극도의 추잡함을 찾는다. 우리도 몽테뉴처럼 자기 건강에 책임이 있다는 것은 안다. 운명의 부침이나 유전적 자산과는 별개로, 우리는 모두 자신의 주치의, 해방자, 혹은 자기 무덤을 파는 사람이다.

미신을 믿는 사람에게 주치의가 자기보다 먼저 죽는 것보다 나쁜 일이 있을까? 순서가 바뀌어도 분수가 있지. 우리를 살피기로 한 사람이 자기가 무슨 병으로 죽을지도 몰랐단 말인가. 그의 약속은 그로써 무효가 됐다. 마지막 순간까지 우리의 병상을 지켜야 할 사람이 우리를 배신하고 먼저 갔다. 나쁜 본보기가 되고 만 의료인들은 또 어떤가. 담배를 못 끊고 허구한 날 가래를 뱉는 호흡기 전문의, 과체중인 영양사, 일광화상을 입은 피부과 의사, 귀가 어두운 이비인후과 의사를 떠올려보자.

의사는 환자들의 죽음을 자주 보기 마련이지만 의사들의 죽음에 지쳐버린 환자도 있다. 가브리엘 가르시아 마르케스의 소설[1]에 등장하는, 사랑에 빠진 90세 노인은 할아버지부터 손자에 이르는 의사 3대를 모두 먼저 떠나보냈다. 하지만 정작 그 의사들에게 부정적인 진단을 받은 노인은 여전히 눈도 밝고 꽤 정정하다. 이렇게 볼 때 우리는 어떤 의사를 선호할까? 우리에게 아무 문제도 없다고, 크게 걱정할 필요 없다고 말해주는 의사다. 우리는 안도하며 진료실에서 나오고, 그러다 어쩌면 의사가 오진을 했을지 모른다는 의심에 빠지기도 한다. 아무래도 다른 의사한테도 가보는 게 좋지 싶다. 고통받는 자에게 불안은 끝이 없다. 불안은 그의 나날을 극적으로 만들고 입체감을 더해주기에 없어서는 안 된다.

요컨대, 병에서 벗어나는 기쁨은 부인할 수 없다. 스피노자라면 '싫어할 만한 것을 물리쳤음을 아는 기쁨'이라고 말할 것이다. 우리는 교통사고, 산사태, 지진 등의 생존자, 한동안 다리를 못 쓰다가 다시 걷게 된 사람, 의식불명 상태에서 깨어난 사람을 보면 탄복해 마지않는다. 의학으로부터 가망 없다는 선고를 받았지만 보란 듯이 살아 있는 사람들 말이다. 이 기적의 주인공들은 우리가 삶의 조건을 감내하는 데 큰 힘이 된다. 그들은 우리의 우울함에 비이성적인 희망의 빛을 던져준다.

거의 바닥을 쳤다가 다시 살아난 기분은 경이롭다. 다시금 팔다리, 신체, 기력을 쓰게 된 순간, 다른 사람들에게 비참하게 기대지 않고 병상에서 털고 일어나는 순간은 감미롭다. 그로써 우리는 일상의 안녕감으로 돌아간다. 아직 살아 있다는 게 새삼 놀랍고, 내가 생각보다 강한 사람이었구나, 이런 일도 견뎌냈으니 앞으로 못할 게 없겠다, 이제 다시 힘을 내볼 수 있겠어, 하는 생각이 든다. 질병의 유일한 의미는 투병에 있다. 설령 그 병이 세월이 흐르면서 우리와 떼려야 뗄 수 없는 분신이 되더라도 말이다.

싸움에 출구가 없다는 것을 알면서도 우리는 병과 거리를 두려고 노력한다. 고통은 우리에게 아무것도 가르쳐주지 않고 우리를 더 나은 사람으로 만들어주지도 않는다. 완치의 희망이 없더라도 파국을 하루라도 미루려면 건강을 돌보아야 한다. 끝이 두렵기에 우리의 하루하루는 더 환하다.

생이 기나긴 투쟁 끝에서 우리에게 자신감을 돌려줄 때, 우리와 생의 대화에서 일종의 비극적 낙관주의가 탄생한다. 우리는 겸허하지만 결연하게, 결코 무릎을 꿇지 않겠다는 각오로 불행을 상대한다. 현대인은 고통스러워하면서도 자신의 고통에 반항하는 주체다. 근심이 많은 공동체 안에서 그의 연약함은 다른 사람들과 다시 연결될 수 있는 으뜸패이기도 하다. 어느 연령대에서나 사람은 그가 뿜어내는 에너지, 그를 떠받치는 에너지로 차별화된다. 떡갈나무처럼 단단해 보였던 이가 하찮은 타격에 쓰러지는가 하면, 이미 송장이 다 된 것 같던 사람이 모진 고비를 넘기고 끈질기게 건재함을 과시하기도 한다.

샤토브리앙은 여덟 번째 작품《무덤 저편에서의 회상》에서 1792년 북아메리카에서 돌아오는 길에 영국과 프랑스 사이에서 폭풍을 만나 죽을 뻔한 일화를 들려준다. "나는 그 반* 난파에 조금도 동요하지 않았고, 겨우 살았다는 기쁨도 느끼지 못했다. 세월에 쫓기느니 아직 젊을 때 삶에서 도망가는 편이 낫다."[2] 이건 앞날이 영원할 거라 믿고 허세 부리는 사람의 생각이다. 20세에 생을 혐오하는 태도는 오냐오냐 키운 아이의 사치와 비슷하다.

"나는 죽을 때까지 살고 싶다"는 비평가 장 폴랑의 말은 한결 깊은 울림이 있다. 그리고 이 말은 과거 소비에트연방의 반체제 인사들의 한탄을 생각나게 한다. "공산당은 죽음 이후의 생은 없으며 종교는 인민의 아편이라고 했다. 하지만 죽음 이전의 생은 과연 있는가?" 이렇게 볼 때, 지하디스트들은 분명히 죽음 이전의 생을 믿지 않는다. 그들은 생을 혐오한다. 있는 그대로의 생, 예측이 안 되는 뜻밖의 생이 그들은 겁난다. 그들은 속히 생에서 벗어나고 싶고, 어차피 그럴 바에는 무고한 자들을 최대한 많이 죽여 피에 주린 신에게 풍성한 수확을 바칠 작정이다. 그들은 불확실성을 제거하기 위해 자폭한다. 그 불확실성의 이름은 자유다.

죽음이라는 사건에 대하여 종교 못지않게 진정 효과가 뛰어난 철학은 다양한 책략을 만들어냈다. 일례로 고대에 '위안'이라는 장르는 진정한 걸작을 낳았다.[3] 철학의 위안은 무엇인가? 다가올 역경에 대비하여 그 역경을 가급적 누그러뜨리는 것이다. 프라이메디타티오praemeditatio, 가능한 모든 곤란과 고통의 원인을 미리 숙고하고 정신 수련에 힘쓰면 실제로 역경이 일어나도 크게 놀라지 않을 것이다.[4] 불행을 상상함으로써 현실의 불행에 대비해야 한다. 죽음, 질병, 노쇠가 두려운 이는 그러한 상황을 미리 가정함으로써 좀 더 잘 준비할 수 있다. 궂은 자리에서 자고, 맛없는 빵과 물을 먹고, 거친 옷을 입고, 허구의 가난을 연습하면 부를 잃는 것도 그리 두렵지 않을 것이다. 마르쿠스 아우렐리우스도 "낙담케 하는 모든 것에 익숙해져라"라고 하지 않았는가.[5]

최악을 상상하면 눈 하나 깜짝하지 않고 그 상황을 맞이할 수 있다. 세네카는 시리아를 정복한 로마 장수 파쿠비우스의 예를 든다. 그는 늘 그날 밤 죽기라도 할 것처럼 장례 만찬을 즐기고 술을 바친 후 자기를 장사지내게 했다. 이 장수가 단말마의 고통을 흉내 내면 손님들은 박수를 치며 즐거워했다. 그는 죽음을 연습한다는 핑계로 폭음과 폭식을 즐겼다. "이 사내가 양심 없이 한 일을 우리는 마음을 다하여 행하자. 매일 잠들기 전에 기쁘고 유쾌하게 말해보자. '나는 잘 살았고 행운의 여신께서 내게 맡기신 일을 다 행하였다.' 신께서 다음날을 허락하신다면 기쁘게 새날을 맞이하자."[6]

솔직히 이러한 생각이 극악의 불면증에는 의지가 된다. 절망에 허를 찔리기 싫으면 어떤 절망이 닥칠지 예상하는 데 골몰하면 된다. 우리는 지혜롭든 그렇지 않든 질병, 뜻밖의 사태, 불가피한 죽음에 발목을 잡힌다. 스토아주의는 의지적 숙명론이다. 가장 고통스러운 시련을 세상의 섭리인 것처럼 기꺼이 받아들여야 한다. "너에게 닥치는 일이 네 뜻대로 닥치기를 바라지 말라. 만사가 일어나야 하는 대로 일어나기를 바라는 자는 행복할 것이다."[7](에픽테토스) 시련으로 점철된 최악의 시나리오는 일종의 푸닥거리이기도 하다. 상상으로 겪은 셈 치면 그런 일은 일어나지 않을 것이다. 예방 차원의 불안은 도착적 낙관주의의 한 형태다.

2019년에 프랑스에서 한바탕 논쟁이 벌어졌다. 투사들은 정치인들이 빈곤층의 삶을 이해하기 위해 의무적으로 빈곤을 체험할 필요가 있다고 주장했다. 그러나 단기적 체험은 각성은커녕 안락을 더욱더 갈구하고 빈곤을 혐오하게 하는 역효과를 낼 수 있다. 마찬가지로, 고대인들이 권장했던 고통의 연습이

나 상실의 모의 훈련은 현실에 불행이 닥쳤을 때 더 잘 참아내게 하는 효과가 없다. 앞으로 닥칠 나쁜 일을 세세하게 상상한다고 해서 정말로 대비가 될까? 예측한다고 비탄이 완화되지는 않는다. 불행한 일이 닥치면 우리는 그저 정신없고 황망할 뿐이다.

언젠가는 죽는다는 확신이 삶을 비극으로 변모시키고 수난으로 변모시킨다. 만물은 영속되지 않기에 전력으로 삶을 붙잡고 매달리고 싶어진다. 이제 막 태어난 아기라도 죽기에 너무 어리지 않다는 독일 속담이 있다. 하지만 요즘은 그 반대다. 과학과 의학이 사망의 문턱을 저만치 밀어놓았기에 다들 죽기엔 너무 이르다고 하고, 나이에 상관없이 죽음은 분한 일이 되었다. 1886년에 레프 톨스토이는《이반 일리치의 죽음》이라는 짧은 소설에서 죽음이 그의 시대에도 언짢고 역겨운 일, 입에 담기 곤란한 일이 되었음을 보여주었다.[8] 프로이트도 세계대전이 한창이던 1915년에 사회가 이제 죽음을 자연스러운 일로 받아들이지 않고 질병이나 감염에 따른 우연한 사고처럼 생각한다고 지적한 바 있다.

죽음은 이제 정상이 아니다. 그렇게 된 지도 이미 한참이다.[9] 죽지 않을 수도 있었는데, 한두 해는 더 살 수도 있었는데, 이렇게 그냥 가다니 원통해서 어쩌나. 하지만 호스피스 병동에서 식물인간 비슷하게 살아가는 노년의 정신적·신체적 불능이 죽음보다 더 고약하다. 일상생활에 크게 지장을 끼치는 병은 사람 구실을 못 하게 만든다. 침을 질질 흘리고 계속 가래를 뱉어내야 하는 식물 아닌 식물 상태가 죽음보다 더 잔인하다. 그 상태는 두려워함이 마땅하다. 과거에는 믿음이 불완전한 자들이 영원한 지옥불에 대해서 불안해했다. 오늘날 정말로 무서운 것은 신체와 정신의 기능을 하나하나 잃으면서도 남의 도움을 받아 병원 침상에서 생존하는 삶이다.

망나니 양반, 조금만 더 기다려주시오

죽음은 악이 아니라고 성 아우구스티누스가 말했다. 죽음 이후에도 아름다운 생이 있고 죽음이 천국의 문을 열어준다면, 다시 말해 죽음이 죄를 씻어준다면 나쁜 일은 아니다.[10] 하지만 이런 말은 불신자에게는 통하지 않을뿐더러 죽음의 충격을 완화해주지도 않는다. 아니, 그 반대가 아닌가? 개똥밭에 굴러도 이승이 좋은 요즘 사람들에게, 남들은 아직 멀쩡한데 자기만 죽음의 고통을 겪어야 한다는 생각은 견디기 어렵다.

정말로 일생을 충만하게 "살 만큼 살면" 편안한 마음으로 죽을 수 있을까? 살 만큼 충분히 살았다는 기준은 누가 정하는가? 사기를 북돋우는 또 다른 주장을 살펴보자. 죽음을 이기려면 타자성altérité을 유지해야 한다(에마뉘엘 레비나스). 좋은 말이기는 한데, 정말로 사랑하는 사람이 죽으면, 다시 말해 특별한 타자성에 대해서는 소용이 없다. 또 이런 말도 있다. "죽음이 무슨 대수랴. 우리가 피한 죽음은 생의 옆으로 비껴감에 불과하거늘!"[11] 아, 물론 본질적인 것을 비껴갔다는 점은 애석하다. 하지만 충만한 생을 살아냈다는 생각이 최후를 덜 가혹하게 하지는 않는다. 오히려 개똥밭에 굴러도 이승이 낫다고들 한다.

어떤 이들은 죽음이 생의 사건일 수 없다고 본다. 에피쿠로스는 말한다. "죽음은 우리에게 아무것도 아니다. 살아 있는 동안은 죽음이 없고, 죽으면 이미 우리는 존재하지도 않기 때문이다."[12] 프랑스의 신학자 자크-베니뉴 보쉬에는 어느 빼어난 설교에서 죽음은 우리가 숨 쉬는 공기 중에, 우리가 먹는 양식 속에, "우리가 죽지 않기 위하여 먹는 약 속에까지" 있다고 했다. 그 이유는 죽음이 생의 원천 그 자체에 있기 때문이다.[13]

우리가 원하든 원치 않든, 죽음이 온다는 것은 어찌할 수 없는 사실이다. 종교와 철학이 아무리 너그러움을 발휘한들 죽음의 공포를 가리지는 못한다. 우리는 언젠가 무대에서 퇴장할 테고 잔치는 우리 없이도 계속되리라. "아주 컴컴한 그 밤의 문턱에서는 현자도 가련한 고아일 뿐이다."(블라디미르 장켈레비치)

때가 닥치면 아무리 교묘한 궤변도 힘을 쓰지 못할 것이요, 이제 떠나야 할 자는 조금만 더 살게 해달라고 애원할 것이다. 그때는 1분이 한 세기처럼 무겁고 매 순간 형장의 칼날이 번득인다. 오, 제발! 망나니 양반, 조금만 더 기다려주시오. 그런 순간에 목숨을 구걸하지 않을 사람이 어디 있을까? "15분 남짓한 시간이 온 우주의 보화보다 더 값지고 소중하게 느껴지는 날은 오고야 만다."(프랑수아 페늘롱)[14]

죽음은 새로운 세대의 탄생을 마련한다는 점에서 출발의 수호자, 다양성의 보호자다. 탄생의 은총에는 그것을 가능케 한 죽음의 숙명이 따른다. 헤겔은 이 섭리를 "아이의 탄생은 부모의 죽음이다"라는 인상적인 표현으로 요약했다.

우리 안에서 죽지 않는 것은 무엇인가? 일단은 우리 자식들이다. 플라톤이 《향연》에서 디오티마의 입을 빌려 말했듯 생식은 나이 든 사람을 젊은 사람으로 대체함으로써 종의 영속성을 보장한다. 적당한 수의 자식을 두는 것은 한없이 번창하는 생에 대한 선험적 애정 고백이다. 생은 자기 자신을 사랑한다. 생은 자기 자신의 존재 이유요, 번성하는 자손들을 통해서 영속되기를 원한다. 신앙이 있는 이들에게도 내세는 일차적으로 자손이다. 우리를 성장시키는 모든 것이 마찬가지로 불멸을 누린다. 실제로 경험한 우정, 사랑, 열정, 참여, 선행이 다 그러하다.

더 넓은 영역을 포용하고 사랑, 진실, 정의 같은 상대적 절대성들과 만났던 생은 분명히 살 만한 가치가 있다. 영광은 소수의 영웅들에게 돌아가고 거룩함은 몇몇 의인에게나 합당하다. 하지만 소박한 생도 반드시 아름다움, 형제애, 선의를 만나기 마련이다. 인간의 정수는 자기 야망을 채우는 데 있지만, 자기를 뛰어넘어 인류 전체의 원대한 모험에 참여하고 적어도 한 번은 무한을 감지하는 데도 있다. 우리들 한 사람 한 사람은 하나의 점이자 가교이고, 닫힌 전체이자 일종의 통행로다. 이 불완전한 전체는 언젠가 사라질 테고 레지스터의 흔적, 모니터의 알고리즘, 무덤의 비석으로밖에 남지 않을 것이다.

영웅적인 죽음이, 권력에 영합하고 편의를 도모했던 이력을 청산하는 경우가 있다. 가령, 세네카의 자결이 그렇다. 세네카는 네로 황제의 스승이었으나 다름 아닌 이 황제의 지시로 스스로 동맥을 끊어야 했다.[15] 미셸 세르가 지적했듯이 오늘날의 영웅은 평균 수명이 25~30세에 불과했던 옛 영웅보다 더 많은 것을 잃는다는 점을 기억하자. 이 시대의 영웅적인 자결은 잠재적으로 어마어마한 실존적 자산을 내거는 일이기에 한결 더 숭고하다.

있을 법하지 않은 천국을 추구하기보다는 이승에서 몇 번이고 거듭나는 역량으로 불멸을 생각하면 어떨까? 보쉬에는 "우리 안에는 결코 죽지 않는 무언가가 있다"고 했다. 그것을 "어떤 성스러운 빛", 해방으로 열린 문이라고 표현했다.[16] 그는 영혼이 죽음의 문턱에서 마침내 자신의 진실로 나아감을 기뻐해야 한다고 했다. 불가지론자인 우리를 지탱해주는 놀라운 불꽃은 생이 끝날 때 오는 해방이 아니라 지금 여기, 소박한 일상의 산문 속에 있다는 믿음이다. 영원은 지금 이 순간의 우리 삶이다. 다른 영원은 없다.

나의 죽음은 당연히 끔찍할 것이다. 그러나 내가 사랑하는 이들의 죽음보다는 차라리 나을 것이다. 그들을 전부 다 떠나보내고 나 홀로 이 세상에 남아 있고 싶지는 않다. 나의 죽음은 잔혹한 공식 사실이다. 다른 사람들의 죽음은 존재론적 재앙이다. 나이가 들면서 사랑하는 이들이 하나둘 사라지면 세상이 쓸쓸해진다. 살아남은 자는 텅 빈 세상에서 시대착오적인 존재일 뿐이다.

"오래 산다는 것은 많은 이를 먼저 보내는 것"이라고 괴테가 말했다. 우리에게 허락된 것은 찰나의 영원뿐이다. 사랑하는 동안, 창조하는 동안 우리는 불멸이다. 생이 언젠가 우리를 떠나는 것을 받아들일 수 있을 만큼, 다음 세대에게 희열을 넘겨줄 수 있을 만큼, 그렇게 충분히 생을 사랑해야만 한다.

인간의 정수는 자기 야망을 채우는 데 있지만,

자기를 뛰어넘어 인류 전체의 원대한 모험에 참여하고

적어도 한 번은 무한을 감지하는 데도 있다.

우리들 한 사람 한 사람은 하나의 점이자 가교이고,

닫힌 전체이자 일종의 통행로다.

논리적 개소리를 피하는 위로 기술

힘들어하는 사람에게 보내는 위로에는 두 가지 함정이 있다. 형식적인 말이 되어버리거나 논리적인 개소리가 되는 것이다. 로마 철학에는 고결하고도 비장한 위로가 넘쳐난다. 가령, 불행을 당한 사람에게 더 끔찍한 일일 수도 있었는데 그만하기를 다행으로 생각하라는 논리가 그렇다. 한쪽 손을 잃었다고? 팔이 통째로 잘려나가지 않은 게 그나마 다행이라고 생각하라. 한쪽 눈이 감염되어 실명했다고? 다른 쪽 눈은 멀쩡하니 감사하라. 상실을 획득으로 바꾸고, 악재를 그나마 다행스러운 일로 상상해야 한다. (하지만 어떤 사고에서 가벼운 찰과상만 입고 살아남으면 자연스럽게 이러한 마음 자세가 되지 않는가?)

세네카는 아들을 잃고 슬퍼하는 마르치아를 이렇게 위로한다. 아들이 그래도 덕행의 길에서 충분히 오래 살다가 갔으니 기뻐할 일이다. 아들이 더 오래 살았다면 방탕에 빠졌을지도 모르고, 감옥에 가게 됐을지도 모르고, 유배를 가거나 자결을 명받았을지도 모른다.[17] 결국 가장 좋은 것은 "아예 태어나지 는 것"이니 아들이 아직 어린 나이에 탄생 이전의 상태로 돌아간 것은 기뻐해야 할 일이다. "마르치아, 죽은 자들은 광대하고 자유로운 영원의 공간으로 올라가 복된 변신을 하였으니 그대는 평범하고 저열한 생각이 들거든 부끄러워하고 그대의 처지를 슬퍼하시오."[18]

고통에 대한 이러한 반박은 자칫 무감각에 가까워질 수 있다. 우리에게 가장 큰 슬픔은 사랑하는 존재를 잃는 것일 텐데 그런 상황에서 에픽테토스처럼 이렇게 말한다면 너무 잔인하지 않은가. "무엇이든 내가 잃었다고는 말하지 말고 돌려주었다 말하세요. 아내가 죽었습니까? 아내를 돌려준 겁니다. 아이가 죽었다고요? 아이를 돌려준 겁니다." 아타락시아ataraxia를 미덕으로 섬기는 자라면 또 모르지만 말이다.

허구적인 고통을 들먹이는 자들은 슬픈 시늉도 거의 하지 않는 상조회사 직원들만큼이나 마음에 닿지 않는다. 적어도 상조회사 사람들에게 서비스 외적인 기대는 하지 말자. 사랑, 결별, 파산, 죽음, 질병의 슬픔에는 각기 다른 언어, 다른 조언이 필요하다. 어떤 때는 구체적인 행동이 필요하고 또 다른 때는 좀 오래 내버려두는 편이 낫다. 키케로는 사랑하는 딸 툴리아가 죽은 후에 완전히 낙심하여 친구 아티쿠스의 집에서 "어떤 저자가 쓴 책이든 슬픔을 덜어주는 저작이라면 닥치는 대로" 읽다가 결국 자기 자신에 대한 위로를 쓰기에 이르렀다.[19] 글쓰기가 고통을 달래는 자기 치료였던 셈이다.

그렇지만 사랑하는 이의 번민이나 누군가의 죽음을 맞이하면 우리 역시 우리가 비난했던 랍비, 사제, 이맘, 도덕주의자 들의 알량한 설교를 모르는 사이에 떠올리게 되지 않는가. "신께서 주셨으니 신께서 거두어가심이라." 종교는 여전히 고통과 죽음을 변모시키는 시스템으로서 비견할 상대가 없다. 집단은 종교를 통하여 구성원의 상실에서 의미를 찾고 산 자들이 너무 힘들지 않게 지탱한다. 친구나 친척을 위로하는 일은 자기보다 더 강한 것에 겸손히 고개를 숙이게끔 이끄는 것이다. 그 예외적인 불행이 시간이 흐르면 평범한 불행이 되고 자연의 섭리에 들 수 있어야 한다. "어떤 사람에게 일어난 일은 누구에게든 일어날 수 있다."(푸블릴리우스 시루스) 개별 사례는 그렇게 인간 조건의 일반성으로 녹아든다.

위로하는 자는 상대의 입장에 서서 상대가 불가피한 일을 받아들일 수 있게끔 도와야 한다. 또한 자기가 불행을 당했다면 남들에게 그 정도만 기대함이 마땅하다. 관습은 가혹하지만 부인할 수 없다. 애도의 기간이 규칙으로 정해져 있는 사회들이 많다. 소득 없이 괴로워하는 시간은 집단의 처방으로 끝을 내주는 것이 중요하다.

슬픈 마음은 사회 질서와 다시 조화를 이루어야 한다. 그 질서가 개인적 회한을 차츰 억눌러준다. 죽은 자들에게 권리를 행사하려는 것은 산 자들의 어찌할 수 없는 이기심이다. 가만히 귀를 기울여주거나 마음껏 슬퍼할 수 있게 내버려두는 것만으로도 누군가를 돕기에 충분한 때가 얼마나 많은가. 위로라는 분야에서 가장 섬세한 배려는 상대가 스스로 날개를 펼 수 있을 때까지 그냥 곁을 지키면서 넉넉한 애정으로 울타리를 쳐주는 것이다.

에필로그

사랑하고, 찬양하고, 섬기라

젊고 예쁜 여성과 함께 차를 타고 가던 46세의 남성이 새벽 2시까지 문이 열린 담뱃가게 앞에 잠시 차를 세운다. 그가 차에서 내린 순간, 우악스러운 고함소리가 들리더니 웬 젊은이들이 우르르 달려든다. 그가 뭘 잘못했느냐고? 마흔이 넘은 자는 인류에 대한 모욕이다. 나이가 범죄다. 이것이 그 밤의 심판관들의 슬로건이었다. 그들은 30세 이하의 젊은 여성을 동반한 늙수그레한 남성들을 공격 대상으로 삼았다. 나이 차이가 많이 나는 커플이 그들의 눈에 특히 거슬렸기 때문이다.

　남성은 동행한 여성에게 빨리 시동을 걸고 출발하라고 신호를 보내고는 미친 듯이 도망쳤다. 덩치 좋은 젊은 남성 일고여덟 명이 그를 추격했다. 그 무리의 대장은 레고라라는 젊은이였는데 실은 그 남성에게 개인적으로 원한이 있었다. 건강하고 기력 좋은 40대 남성은 밤새 죽어라 달려서 그들을 거의 따돌리는가 싶었다. 그가 새벽까지 버텼다면 경찰의 도움을 받아 목숨을 건질 수도 있었을 것이다. 하지만 레고라는 끝내 그를 따라잡아서는 벼랑 끝에서 밀어버렸다. 추격전은 끝났다. 하지만 가해자도 진이 다 빠졌다. 동이 틀 무렵, 레고라는 노인이 되어 있었다. 하룻밤 사이에 머리가 하얗게 세고 이까지 빠졌으니까. 결국 그 무리는 레고라에게 등을 돌리고 그를 죽일 계획을 꾸민다.[1]

디노 부차티의 이 현대적 우화는 놀랍다. 우리가 기성세대를 바라본 경멸 반 연민 반의 그 눈빛으로 다음 세대가 우리를 바라볼 날이 언젠가 온다. 이것이 인생의 뼈아픈 교훈, 마침내 돌아온 부메랑이다. 우리는 우리가 옛날에 멸시했던 바로 그들이 되었다.

세상을 이해하고 세상에 영향을 미치려면 세대들을 우정, 관심, 대화로 한없이 엮어나가야 한다. 그래야만 서로 다른 세대들이 가능한 모든 방식으로 교류할 수 있다. 각 세대는 특정한 역사적 사건들로 대표되는 고유한 정신 구조, 거의 독자적인 하나의 사회다. 이 사회는 윗세대나 아랫세대하고 결합할 때만 우물 안 개구리 신세를 면한다. 50세가 넘으면 남성이

든 여성이든, 부자든 가난뱅이든 점점 걷잡을 수 없는 속도로 어제의 세계로 밀려나는 것을 느낀다. 노력을 한다고는 하지만 이러다 발을 헛디딜까 두렵다. 성장이 나를 긍정하고 주장하는 것이라면 노화는 비틀거리는 것이다. 꿋꿋이 살아왔다는 사실이 나를 소유자로 만들어주기는커녕 내게서 소유권을 빼앗아간다. 나는 지난 세월을 박탈당했다. 마치 그 나날이 쌓이면 쌓일수록 마이너스가 되어 내 존재를 축내기라도 하는 것처럼 말이다. 지난 세월은 보물처럼 모이지 않고 되레 나의 빚으로 기록된다. 시간은 확신을 앗아갔고 결심에 상처를 냈다.

어릴 때는 원래 고마운 것도 모르고 온 힘을 성장에 쏟기 마련이다. 고마운 마음은 나중에, 자기가 뭔가를 바치거나 무사공평한 자세를 취할 수 있을 때에나 가능하다. 삶은 증여인 동시에 채무다. 신께서 우리에게 내리는 부조리한 선물이자 우리가 이웃에게 진 빚이다. 가족, 친구, 부모, 조국에 입은 은혜를 돌려주어야 할 때가 결국은 온다. 하지만 삶의 빚은 그들에게 상환할 게 아니라 감사한 마음으로 인정하고 후손에게 똑같이 베풂으로써 갚아야 할 것이다. 빚 청산의 날은 생을 청산하는 날, 우리가 더는 돌려주거나 선사할 것이 없으므로 죽음으로써 산 자들의 먹이가 되는 날이다.

생은 우리 이전에도 있었고 우리가 떠난 후에도 계속될 것이다. 우리는 지나가는 사람들, 생을 받았다기보다는 잠시 빌려 사는 사람들이다. 요컨대, 우리에겐 생의 이용권만 있고 소유권은 없다. 나이가 든다는 것은 으레 생각하듯 의무가 줄어드는 것이 아니라 오히려 늘어나는 것이다. 오래 살려면 새로운 의무를 질 각오부터 해야 한다. 자유는 느슨한 풀어짐이 아니요, 책임의 증대에 더 가깝다. 자유는 우리 어깨를 가볍게 해주지 않는다. 1912년에 샤를 페기는 노인에게 존중과 휴식을 누릴 권리가 있다고 했다. 그 시절에는 그랬을 것이다. 하지만 요즘은 그렇지도 않다! 생활은 벗어나고 회복되어야 할 병이 아니다. 어느 나이에나 구원은 일, 참여, 공부에 있다.

저마다의 운명은 두 심연 사이에 놓인 구름다리다. 우리는 그 누구에게든 없어서는 안 될 존재가 아니다. 우리는 이름 없는 티끌이 되어 우주 속으로 사라질 테지만 그건 서러워할 일이 아니다. 아니, 오히려 그 반대다. 익히 말했듯이 생은 늘 약속이라는 구조를 띤다. 무엇에 대한 약속인가? 약속의 대상은 특정되지 않았다. 우리의 요람을 들여다본 요정은 없었다. 지켜진 약속, 결코 지워지지 않을 약속은 우리가 지금껏 살아온 그 삶이다. 그 삶만이 우리 마음속에서 가없는 감사를 우러나게 한다.

우리는 존재를 긍정하고 무조건 찬동하는 사람으로 끝까지 남아야 한다. 세상의 광휘, 그 눈부심을 찬양하라. 지상에 살아 있음이 기적이다. 비록 위태로운 기적일지라도 기적은 기적이다. 성숙은 끝없는 찬탄의 연습에 드는 것이다. 동물, 풍경, 예술작품, 음악의 아름다움을 마주하고 경탄할 만한 기회를 찾도록 하자. 세상이 추해지지 않도록 숭고한 것 앞에서 고개를 숙이고 매혹을 발견해야 한다. 어떤 사람들이 나이를 먹으면서 환상을 잃는 이유는 그것이 원래부터 굳이 품고 갈 가치가 없던 환상이기 때문이다. 아마도 그 환상은 청소년기의 신기루 혹은 달콤한 유토피아였을 것이다. 흐르는 시간을 저주하기보다는 열정적으로 이 시간에 동조하는 편이 낫다.

그러니 마치 막대한 재산을 물려받은 사람처럼, 70세, 80세에도 황금기를 추가로 더 받아낸 사람처럼, 자기 신체와 정신과 애정에 허용된 능력 이상으로 살아야 한다. 우리가 어릴 때부터 배운 거라곤 딱 하나밖에 없다. 생은 값을 매길 수 없을 만큼 값지다는 것. 우리는 어두컴컴한 오솔길에서 길을 잃은 채 이성과 아름다움의 빛에 비추어 더듬더듬 나아가는 존재다. 우리는 형제, 친구, 동지, 가족이라는 타자들 속에서 호기심을 잃지 않고 체념도 하지 않은 채 살아갈 때만 자유롭다. 결국 우리는 육신의 껍데기를 벗고 거대한 흐름 속에서 사라져 티끌로 돌아갈 것이다. 원래부터 우리는 잠시 스치는 존재, 우리를 초월하는 전체의 한 파편이었다. 그동안 잘 버텨왔고 아직도 세상의 호의를 느낄 수 있음을 기뻐하자.

행복한 인생이었든 고통스러운 인생이었든, 어느덧 땅거미가 내려앉으니 우리에게 주어진 행운의 크기가 가늠된다. 우리는 상처받았지만 충만함을 얻었다. 이루어지지 않은 기도가 참 많다. 그렇지만 우리가 올리지 않았던 기도가 100배로 성취되기도 했다. 우리는 악몽을 관통했고 보물을 받았다. 삶은 참 잔인하거나 지독할 수도 있고 풍성할 수도 있었다.

매일 아침, 받은 바에 감사하면서 입 밖으로 소리 내어 "고맙습니다"라고 말하자.

당연히 받았어야 했던 것은 하나도 없었다.

이 터무니없는 은총이 감사하다.

주

프롤로그 ───

1. Michel Philibert, *L'Échelle des âges*, Le Seuil, 1968, p. 63.
2. 이 부분은 노년의 변신 및 서양 사회에서 유년과 미성숙이 과대평가된 양상을 분석한 나의 전작(*La Tentation de l'innocence*, Grasset, 1995) 1부를 참조했다.

포기 ───

1. 파트리스 부르들레는 1750년에는 프랑스 인구의 7~8퍼센트만이 60세 생일을 맞이할 수 있었다고 지적한다(Patrice Bourdelais, *Le Débat* no. 82, 1994). 그런데 1985년에는 인구의 82퍼센트, 특히 여성은 92퍼센트나 60세 이상 생존하는 것으로 집계되었다. 요즘은 손자까지 본 60대에도 부모와 친척 어른이 생존한 경우가 있다. 여성은 4대가 한 가족을 이루고 살 수도 있다. 18세기에는 무기를 들 힘이 없는 나이(60세)부터 노인으로 취급했다. 오래 사는 사람의 수는 예전보다 크게 늘었다. 프랑스에서 100세 이상 인구는 매년 7퍼센트씩 늘어나는 추세다.

2. 로마인들은 남성에 한하여 0~6세는 인판스(infans), 7~16세는 푸에르(puer), 17~29세는 아둘레센스(adulescens), 30~45세는 유베니스(juvenis), 46~59세는 세니오르(senior), 60~79세는 세넥스(senex), 그리고 80세 이상은 아에타테 프로벡투스(aetate provectus)로 구분했다. 여기서 아에타테 프로벡투스는 '나이가 많이 든' 혹은 단어 그대로 '살아온 시간에 의해 앞으로 밀려난'이라는 뜻이다. 라틴어에서 '시간'을 가리키는 단어는 템푸스(tempus)와 아에타스(aetas)로 나뉜다. 아에타스는 삶의 시간으로, 인생 혹은 살아온 만큼의 시간을 뜻하는 단어 아에붐(aevum)에서 왔다. 그리고 아에붐은 척수를 가리키는 단어 아이온(aïon)에서 왔다. 고대 로마인들은 사람의 생명이 척수에 깃들어 있다고 믿었기 때문이다.

3. 일본은 2040년에 전체 인구의 40퍼센트가 65세 이상일 것으로 추산된다. 지금도 일본의 100세 이상 인구는 6만 5,000명 정도이다. 중국은 '한 자녀 정책'으로 세대 교체가 원활하게 이루어지지 못했고, 80세 이상 인구가 2260만 명 수준이다. 공식적인 통계 예측에 따르면, 중국은 낮은 출산율에 발목을 잡혀 부자가 되기 전에 늙어버릴 위험이 있다. 인도는 60세 이상 인구가 8700만 명인데 이중 절반은 소득이 없는 빈곤층이다. 2060년에 프랑스의 100세 이상 인구는 20만 명에 달할 것으로 추산된다. 2014년에 프랑스의 평균 수명은 남성

이 79.4세, 여성이 85.3세로 사상 최고치를 기록했다. 모든 선진국에서 이러한 현상을 볼 수 있지만, 전문가들은 수명 연장을 어느 한 가지 이유로 설명하지 않는다. 어쨌든 프랑스는 전 세계에서도 손꼽히는 장수 국가다. 이 주제에 대해서 더 알고 싶은 독자는 Jean-Hervé Lorenzi, François-Xavier Albouy, Alain Villemeur, *L'Erreur de Faust: Essai sur la société du vieillissement*, Descartes & Cie, 2019를 보라.

4. 노벨 경제학상 수상자 앵거스 디턴은 애팔래치아 산맥 주민의 평균 수명이 방글라데시 국민의 평균 수명보다 낮다고 보고했다. 그는 이렇게 높은 사망률의 원인을 사회적 절망, 비만, 마약, 제약 회사들이 무신경하게 팔아치우는 어마어마한 양의 (과용하면 환각 증상이 일어나는) 진통제 등으로 설명한다. 영국 백인 노동자 계급도 마찬가지로 사망률이 높은데 프랑스의 노란 조끼 시위도 동일한 문제의식을 안고 있지는 않은지 생각해볼 필요가 있다. 프랑스의 상위 5퍼센트 부유층과 하위 5퍼센트 빈곤층 사이의 평균 수명 차이가 무려 13년이라는 사실을 기억하자.

5. 이 주제에 대해서는 매우 개인적이면서도 문학적인 Christine Jordis, *Automnes: Plus je vieillis, plus je me sens prête à vivre*, Albin Michel, 2017을 추천한다.

6. Georges Poulet, *Études sur le temps humain*, tome I, Pocket, 1989, p. 73에서 인용.

7. Heidegger, *Qu'est-ce que la métaphysique?*, Questions I et II, Gallimard, 1938, pp. 34-35.

8. Victor Hugo, *Les Châtiments*, Hachette, 1932, p. 337.

9. Jean-Paul Sartre, *Les Mots*, Folio Gallimard, pp. 201-202.

10. 이 사례는 앞에서 인용한 Michel Philibert, 1968, p. 174에서 가져왔다.

11. 나이에 대한 재정의는 앞에서 인용한 Michel Philibert의 책과 Marcel Gauchet, *Le Débat*, 2004, 2005, no. 132를 추천한다. 내용이 잘 종합되어 있는 Éric Deschavanne, Pierre-Henri Tavoillot, *Philosophie des âges de la vie*, Grasset, 2007도 일독을 권한다.

12. Søren Kierkegaard, *Étapes sur le chemin de la vie*, 1845, Tel Gallimard, 1979.

13. Laurent Schwartz, *Vers la fin des maladies? Une approche révolutionnaire de la médecine*, préface de Joël de Rosnay, Les liens qui libèrent, 2019를 보라. 이 책의 서문을 쓴 조엘 로스네는 환자의 전체적이고 통합적인 치료를 위해 질병들을 세분화하기보다는 상위 분류로 단순하게 묶을 필요가 있다는 슈바르츠의

주장을 지지한다. 만약 이렇게 된다면 개인 맞춤형 예방 및 추적 의료에 큰 발전이 있을 것이다.

14. 생물학자 장-프랑수아 부베는 우리가 오래 살게 되었지만 주로 건강이 나쁜 상태로 오래 산다고 지적했다. 암과 신경퇴행성질환 치료법이 더 발전해야만 건강한 상태로 오래 살 수 있을 것이다. 한편, 로마 사피엔자대학교 엘리자베타 바르비가 발표한 논문(《사이언스》 2018년 6월 29일)에 따르면 100세 노인의 사망률은 50퍼센트지만 105세가 되면 오히려 사망률이 떨어진다고 한다. 이러한 소식은 고무적이지만, 일단 100세까지 사는 행복한 소수가 되고 볼 일이다.

15. Anne-Laure Boch, neurobiologiste, *Débat*, 2013, no. 174.

16. *Le Figaro Magazine*, 14 novembre 1992.

17. 프랑스 장-도세재단의 연구 프로그램 '크로노스'는 1990년대부터 90세, 100세 이상 장수한 사람들과 세계 최장수 기록 보유자 잔 칼망의 혈액을 채취해왔다(2018년에 러시아 연구자들은 이 기록에 문제를 제기했다). 후성유전에 대해서는 Joël de Rosnay, *La Symphonie du vivant*, Editions LLL, 2018을 보라.

18. David Le Breton, *L'Adieu au corps*, Métaillé, 2013, p. 13.

19. 기술과학의 발전과 사회의 우버화에 대해서는 Luc Ferry, *La Révolution transhumaniste*, Plon, 2016을 보라.

20. Michel Philibert, *L'Échelle des âges*, Le Seuil, 1968, p. 199.

21. L'*Austérité*, p. 38. 다음에서 인용했다. Lucien Jerphagnon, *Connais-toi toi-même… et fais ce que tu aimes*, Albin Michel, 2012, p. 296.

22. 일부 법학자는 노인들의 사기 피해를 막기 위해 후견 및 재산관리 제도와는 또 다른 '심신미약 추정'이 있어야 한다고 주장한다. 단, 피보호자가 정신적으로나 신체적으로 건강을 되찾으면 이 조치는 뒤집힐 수 있다. Didier Guével, *Recueil Dalloz*, Dalloz, juin 2018, no. 22.

23. J.-B. Pontalis, *Ce temps qui ne passe pas*, Folio Gallimard, 1997을 보라.

24. Gaston Bachelard, *La Psychanalyse du feu*, Folio Gallimard, 1992, p. 39.

자리

1. 2018년에 블라디미르 푸틴은 정년을 65세로 연장했다. 러시아 남성의 평균 수명은 과도한 음주와 열악한 의료 시설 때문에 67.5세에 불과했으므로 사회적으로 큰 불만이 생겼다. 벨기에는 2020년부터 정년이 67세가 됐고, 독일은 이

미 시행에 들어갔다. 프랑스는 정년이 62세이지만 몇 가지 조건이 걸려 있고, 재정 균형을 이유로 64세까지 일할 것을 권장한다. 엄청난 적자 재정을 낳는 노년층을 청년층이 벌어먹어야 할 판국이니 무슨 수를 써서라도 잠재적 세대 간 전쟁은 막아야 한다. "연장된 수명을 경제 활동 인구에 얹혀 무위도식하는 삶으로 간주해야 한다. 자명한 이치를 거스르는 끔찍한 일이다." François de Closets, cité in Colette Mesnage, *Éloge d'une vieillesse heureuse*, Albin Michel, 2013, p. 190.

2. 이 주제에 대해서는 Jean Starobinski, "L'ordre du jour", in *Le temps de la réflexion*, Gallimard, 1983, pp. 123-124를 보라.

3. Norberto Bobbio, *Le sage et la politique*, Albin Michel, 2004, p. 101에서 인용.

4. Eric Deschavanne, Pierre-Henri Tavoillot, *Philosophie des âges de la vie, op. cit.*, pp. 494 sqq.

5. "Age and happiness", *The Economist*, 18 décembre 2010, cité in Martine Boyer-Weinmann, *Vieillir, dit-elle*, Champ Vallon, 2013, p. 152.

6. "70세에 30세 젊은이의 행복을 되찾고, 80세에는 (평균적으로) 18세 시절의 기쁨을 되찾는다고 한다. 이 놀라운 결과를 어떻게 이해해야 할까? (…) 노년은 쓸데없는 재화를 축적하는 부담에서 벗어나 자기가 가지고 있는 것들에 자리를 내어주는 때다." 프랑스의 경제학 교수 대니엘 코언은 이 여론조사 결과에 동의하는 뜻에서 이렇게 썼다. Daniel Cohen, *Homo Economicus, Prophète égaré des temps nouveaux*, Albin Michel, 2013, p. 27.

7. *La Force de l'âge*, Folio Gallimard, p. 468. 다음에서 인용했다. Deschavanne et Tavoillot, *op. cit.*

8. Éric Deschavanne et Pierre-Henri Tavoillot, *op. cit.*, p. 487.

9. 프랑스에서는 여타의 소득 활동으로 연금을 증액할 수 있는 법이 있는데 공무원, 자유 전문직 등 직종에 따라 적용 양상은 달라진다. 지금은 은퇴자의 5퍼센트만이 여기에 해당한다.

10. "Il n'y a pas d'amour heureux", in *La Diane française*, Seghers, 1946.

11. *Lettres à Lucilius*, lettre 24, Garnier Flammarion, 2017.

12. François Rivière, *J.-M. Barrie, Le garçon qui ne voulait pas grandir*, Calmann-Lévy, 2005, et Béatrice Balti, *J.-M. Barrie, Celui qui préférait les Fées aux Femmes*, Éditions Complicités, 2018.

루틴 ────────────────────────────────

1. Italo Svevo, *La Conscience de Zeno*, Folio Gallimard, p. 25.

2. Ibid, p. 47.

3. Louis Jerphagnon, *Connais-toi toi-même…*, *op. cit.*, p. 236.

4. Montaigne, *Les Essais*, Livre II, chapitre 37, Robert Laffont, collection Bouquins, p. 736, préface de Michel Onfray.

5. Michel Tournier, "Cinq clefs pour André Gide", in *Le Vol du vampire*, Idées Gallimard, 1983, pp. 224-225에서 인용.

6. Søren Kierkegaard, *La Reprise*, traduit par Nelly Viallaneix, Garnier Flammarion, 2008, p. 66.

7. Lisa Halliday, *Asymétrie*, traduit par Hélène Cohen, Gallimard, 2018, p. 331에서 인용.

8. Platon, *Le Timée*, Garnier Flammarion, 1969, p. 417.

9. Daniel Mendelsohn, *Une Odyssée, Un père, un fils, une épopée*, J'ai lu, traduit par Clotilde Meyer et Isabelle Tandière, 2019, p. 295.

10. Jorge Luis Borges, "Pierre Ménard, auteur du *Quichotte*", in *Fictions*, Gallimard, 1983.

11. Henry David Thoreau, *Walden*, p. 336.

12. Michel Philibert, *op. cit.*, p. 102.

13. 질 들뢰즈는 데카르트와 프랑스대혁명의 전통에 입각한 프랑스인들은 출발점과 완전한 단절점을 찾지만, 미국의 탈주선은 불연속적인 선을 취하여 끊어진 선에 선을 연결하는 식이라고 말한다. "흥미로운 것은 시작이나 끝이 아니다. 시작과 끝은 점이다. 흥미로운 것은 중간이다. 미국의 영(0)은 늘 중간에 있다." Gilles Deleuze, Claire Parnet, *Dialogues*, Champs Flammarion, 2008, p. 50.

14. Baudelaire, *Curiosités esthétiques*, cité in Philibert, *op. cit.*, p. 103.

15. Nietzsche, *Par-delà bien et mal*, chapitre 245, Idées Gallimard, 1979, p. 191.

16. David Riesman, *Individualism reconsidered*, 1954, cité in Philibert, *op. cit.*, pp. 214-215.

17. 이 주제에 대해서는 Michel Tournier, "Émile Ajar ou la vie derrière soi", in *Le Vol du vampire, op. cit.*, pp. 340 sqq를 보라.

18. Julien Gracq, *En lisant, en écrivant*, José Corti, 1981.

19. "Les formes cycliques de Wolfgang Rihm", *Le Monde*, 12 février 2019.

20. *Les Essais*, Livre III, chapitre 2, *op. cit.*, pp. 890-891.

21. *Le 18 Brumaire de Louis Bonaparte*, 1852.

22. Jean-Paul Sartre, *Situations* I, Gallimard, p. 365.

시간

1. Henry James, *L'Autel des morts*, Stock, Cosmopolite, p. 27.

2. Aristote, *Éthique à Nicomaque*, Livre X, Du plaisir et du vrai bonheur, chapitre VII, traduit par Alfredo Gomez Muller, Livre de Poche, 1992, p. 415 sqq.

3. 아우렐리우스, 에픽테토스, 세네카 모두 이런 취지의 말을 했다. Pierre Hadot, *Qu'est-ce que la philosophie antique?*, Folio Gallimard, 1995, p. 296을 보라.

4. Sénèque, *Lettres à Lucilius, op. cit.*

5. "사람이 저지르는 표절 중에서도 개인이 참으로 피하기 어려운 것은 자기 자신에 대한 표절이다(과오를 끈질기게 유지하고 더 악화시키는 백성들도 그 점은 마찬가지다)." Marcel Proust, *Albertine disparue*, Gallimard, 1925, p. 29.

6. François Mauriac, *Le Nœud de vipères*, Livre de Poche, 1973, p. 177.

7. Hannah Arendt, *La Crise de la culture*, Idées Gallimard, 1972, p. 247.

8. Gaston Bachelard, *La Poétique de la rêverie*, PUF, 1968, p. 114.

9. Serge Tisseron, *Les Secrets de famille*, PUF, 2011, pp. 83-84.

10. Germaine Dieterlen, *Essai sur la religion bambara*, PUF, 1951, cité in Michel Philibert, *op. cit.*, p. 84.

11. Matthieu Galey, *Journal 1974-1986*, Grasset, 1989.

12. *Le Banquet*, 219 a, Garnier Flammarion, pp. 80-81.

13. Scott Fitzgerald, *La Fêlure*, traduit par Dominique Aury et Suzanne Mayoux, Folio Gallimard, 1981, p. 475.

14. Gilles Deleuze, *Logique du sens*, Minuit, 1975, pp. 180-181.

15. Ibid., p. 188. 질 들뢰즈는 중증 호흡기 질환에 걸려서 고생하던 중 1995년 11월 4일에 70세의 나이로 자기 집 창문에서 뛰어내려 스스로 목숨을 끊었다.

욕망 —————————————————————————————

1. Simone Signoret, *La nostalgie n'est plus ce qu'elle était*, Le Seuil, 1979, p. 371.

2. Tanizaki, *Journal d'un vieux fou*, Folio Gallimard, 1962, p. 28.

3. Tennessee Williams, *Le Printemps romain de Mrs. Stone*, traduit par Jacques et Jean Tournier, Plon, 1951.

4. Doris Lessing, *Journal d'une voisine, Les Carnets de Jane Somers* 1, Albin Michel, 1985, p. 33.

5. Annie Ernaux, *Journal du dehors*, Folio Gallimard, 1993, p. 101, cité in Martine Boyer-Weinmann, *op. cit.*, p. 88.

6. "Le sexe et la vie d'une femme", *Esprit*, no. 273, mars-avril 2001.

7. Suzanne Kadar, *Elles sont jeunes… eux pas*, Éditions du Sentier, 2005.

8. Ibid., p, 90.

9. Sylvie Brunel, *Le Voyage à Timimoun*, Jean-Claude Lattès, 2010, pp. 46-47.

10. Lisa Halliday, *Asymétrie, op. cit.* 이 소설은 23세의 젊은 여성 앨리스와 74세의 유명 작가 에즈라 블레이저의 관계를 초연하고 유머러스하게 그려낸다. 할아버지뻘이라고 해도 과언이 아닌 노작가는 매년 노벨 문학상 수상을 고대한다. 그들의 정사는 노골적이지 않게 그려진다. 앨리스는 늙은 연인이 "작은 분수처럼 즐길 때까지" 잠자리에 머문다. 노작가는 요통이 심하고 스텐트 시술도 받았다. 그는 허구한 날 숨이 넘어갈 뻔하지만 자신의 신체적 쇠락을 남 일 여기듯 한다. 반면, 앨리스는 조금만 위험한 기미가 보여도 가슴을 졸인다. 에즈라 블레이저는 저자 리사 할러데이가 젊은 날 동거했던 작가 필립 로스를 다분히 호의적으로 소설화한 인물이다. 저자는 실제로 이 소설을 필립 로스에게 헌정했다.

11. Dominique Simmonet, Joël de Rosnay, François de Closets, Jean-Louis Servan-Schreiber, *Une vie en plus*, Le Seuil, 2005, pp. 122-123.

12. 울리히 자이델 감독의 〈파라다이스 러브〉나 로랑 캉테 감독의 〈남쪽으로〉(다니 라페리에르 원작, 샬롯 램플링 출연)는 이러한 위험을 잘 보여주었다. 나이 많은 유럽 여성들은 마그레브, 카리브해, 아이티, 사하라 이남 아프리카, 그리스, 이탈리아 쪽으로 여행을 많이 간다. 이 여성들은 여행지에서 자기들을 따뜻한 눈으로 바라봐주고 건장한 몸으로 사랑해줄 남성을 구한다. 하지만 현지의 젊은 남성들은 그 여성들을 그냥 돈주머니로만 보고 관계를 마치면 어김없이 대가를 요구

312

한다. 애정과 관능 사이에 어정쩡하게 위치한 이 여성들은 상대에게 돈을 꼬박 꼬박 주면서도 상대가 자기를 있는 그대로 좋아해주기 바란다. 케냐를 배경으로 하는 〈파라다이스 러브〉에서 주인공 여성은 호텔 종업원에게 오랄섹스를 요구하지만 상대는 매우 황당해하면서 정중하게 거절한다. 주인공은 눈물을 흘린다. 그 나이 또래 남성들도 그런 비극은 흔히 겪는다. 남녀를 불문하고, 어린 연인은 나이 많은 연인에게 돈만 뜯어내고 계속 도망가거나 몰래 바람을 피우거나 상대를 창피해한다. 기자이자 작가인 마티외 갈레는 1978년에 로버트 윌슨의 작품이 초연될 때 루이 아라공이 오케스트라 뒤 발코니석에 르노 카뮈와 함께 앉아 있었던 일화를 전한다. 위대한 시인은 꾸벅꾸벅 졸고 있었고, 르노 카뮈는 팔꿈치로 그를 쿡쿡 치면서 깨우려고 했지만 소용이 없었다. 그때 르노 카뮈는 마치 이렇게 말하는 듯한 눈빛을 하고 있었다. '내버려둬야지 어쩌겠어요, 늙은이잖아요!' *Journal 1974-1986, op. cit.*, pp. 69-70.

13. François-Xavier Albouy, *Le Prix d'un homme*, Grasset, 2016; Denis Kessler, "Quelle est la valeur économique de la vie humaine?" in Roger-Pol Droit(dir.), *Comment penser l'argent?*, Le Monde éditions, 1992, pp. 310 sqq.

14. Jean-Marc Jancovici, *Socialter*, juillet 2019. 저자는 인구 과밀을 우려하며 이렇게 설명한다. "서양 국가들이 인구를 비교적 큰 피해 없이 조절하는 최고의 수단이 있다. 영국의 의료체계에서처럼 이미 중병을 앓는 고령층을 적극적으로 생존시키지 않는 것이다. 일례로 영국은 65세, 70세가 넘은 환자에게는 장기 이식 수술을 해주지 않는다."

15. Juliette Noureddine et Alexandre Tharaud, "J'ai pas su y faire"(Maurice Yvain), *Le Bœuf sur le toit*, Virgin Classics, 2012.

16. 프로이트는 플리스에게 쓴 편지에서 이렇게 주장한다. "인류에게 주체할 수 없는 성욕에서 해방될 수 있는 법을 제안하는 자는 영웅으로 추대될 걸세." 《르몽드》 2017년 1월 28일 자에서 인용한 이 문장도 동일한 정신에 입각해 있다. "세상은 나이 든 사람들이 지상의 쾌락을 포기하기를 기대한다. 노인들은 지혜를 깨우쳐 격렬한 감정에서 마술처럼 보호받을 거라는 기대가 있다. (…) 노인들은 잠을 자지 않는다고 믿고 싶어 하는 이유는 우리가 섹스에서 자유로워지고 싶기 때문이다."(Maïa Mazaurette)

17. Sénèque, *Bienfaits*, Tel Gallimard, 1996, p. 212.

18. Arthur Clarke, *Courrier International*, 16 décembre 1993, cité in David Le

Breton *op. cit.*, p. 181.

19. Cicéron, *De la vieillesse*, Garnier Flammarion, 1967, p. 36.

20. Gabriel Matzneff, *Le Taureau de Phalaris*, La Table Ronde, 1987, p. 284, cité in René Schérer, "Vieillards d'harmonie", *Le Portique* [En ligne] no. 21, 2008.

21. Arthur Schnitzler, *Le Retour de Casanova*, traduit par Maurice Rémon, Les Belles Lettres, 2013, p. 115.

사랑

1. Heinrich Mann, *Professeur Unrat*, Cahiers Rouges, Grasset, 2008, pp. 101-102.
2. 일본에는 도쿠다 시게오 같은 노인 포르노 배우도 있다. 관광 가이드를 업으로 삼았던 그는 80세에 X 등급 배우로 데뷔했다. 키가 작고 머리가 벗겨졌으며 특별한 구석이 없는 그는 일본의 전형적인 은퇴자 모습을 하고 있기에 동세대의 인기를 얻고 350편 이상의 비디오를 찍었다. 채소와 달걀로 건강 관리를 하는 이 할아버지 포르노 배우는 아시아에서 노인 포르노라는 새로운 장르를 개척했다. MILF(Moms I'd like to fuck)(가정을 이룬 지 오래됐지만 여전히 성적 매력이 넘치는 여성들은 〈위기의 주부들〉 시리즈에도 등장한다)의 인기에 한몫한 포르노 산업은 이제 소위 섹시한 할머니, 즉 나이 많고 음탕한 여성을 등장시킨다. "기괴 천사"(에드거 앨런 포)의 가호가 따르는, 그 업계의 아주 좁은 틈새 마케팅이라고나 할까.
3. 브루스 라브루스 감독의 영화 〈제론토필리아Gerontophilia〉는 여자친구와 동거 중인 18세 청년 레이크가 자신이 일하는 요양병원에서 피바디 씨라는 80대 환자와 사랑에 빠져 깊은 관계가 되는 이야기를 다룬다.
4. 노년의 성애를 연구한 마리 드 엔젤의 저작 《섹스앤드식스티Sex&Sixty》(Robert Laffont/Versilio, 2015)는 99세가 다 되어가는 어느 노인요양시설 입소자의 사례를 보여준다. 시설 측에서는 노인이 자위행위를 하다가 부상을 입을 수도 있다는 이유로 섹스토이를 제공하는데 노인의 조카는 이 사실을 알고 길길이 날뛰며 분개한다(p. 196). 저자는 노인 시설 입소자들의 신체 접촉이나 친밀감에 대한 욕구를 돌봄 인력이나 가족은 이해하기 힘들어한다고 지적한다.
5. 로맹 가리의 《이 경계를 지나면 당신의 승차권은 유효하지 않다》에서 화자는 성기가 자꾸 쪼그라들어서 여자의 질을 채워주지 못한다는 망상에 시달리는 미국인 사업가의 고백을 들어준다. 화자도 59세의 사업가인데 그 역시 잠자리

에서 남자 구실을 못한다는 두려움에 사로잡혀 자기보다 어린 브라질 여자 로라와의 관계를 끝낸다. 이 텍스트의 놀라운 노골성은 해로운 모방의 한 예이기도 하다.

6. 성생활을 삽입 섹스로 보느냐 키스나 애무 같은 광범위한 행위로 보느냐에 따라서 연구 결과가 달라진다. 전자는 만족도가 불확실하지만 후자는 만족도가 좀 더 높다(Marie de Hennezel, *op. cit.*, pp. 170-171 참고).

7. Sénèque, *Les Bienfaits*, Tel Gallimard, 1996, p. 212.

8. André Gorz, *Lettre à D.*, Galilée, 2006.

기회

1. *Errata*, traduit par Pierre-Emmanuel Dauzat, Folio Gallimard, 1998, p. 254.

2. *Marcel Proust sous l'emprise de la photographie*, Gallimard, 1997, p. 38.

3. Charles Baudelaire, "A une passante", *Les Fleurs du mal*, 1861, poème 93.

4. Vladimir Jankélévitch, *L'irréversible et la nostalgie*, p. 150.

5. 헬무트 콜은 자신이 늦게 태어난 덕에 나치 교육을 받지 않았다고 했다. 하지만 그의 정적들은 그가 1930년에 태어났고 어린 시절을 히틀러주의 교육기관에서 보냈기 때문에 이 말을 그대로 믿어서는 안 된다고 지적한다.

6. 에드거 앨런 포의 이 시는 샤를 보들레르와 스테판 말라르메가 번역한 바 있다.

7. Simone de Beauvoir, *La Force des choses*, tome 2, Folio Gallimard, 1972.

8. Italo Svevo, *op. cit.*, p. 27.

9. Gustave Flaubert, *L'Éducation sentimentale*, Folio Gallimard, pp. 453 sqq.

10. Le Livre des morts égyptien, cité par Jean Vermette, *La Réincarnation*, Que sais-je?, 1995.

11. Platon, *La Republique*, X/617e-619a, Garnier Flammarion, pp. 382-384.

12. *Le Côté de Guermantes*, p. 79.

13. Jean-Yves Tadié, *Proust et le roman*, Gallimard, Tel, 1986, p. 331.

14. *Le Cycle du fleuve*, traduit de l'anglais, J'ai lu, 1989.

15. 시들지 않고, 썩지 않고, 상하지도 않는 자. 부활 때에 신체는 생전의 신체와 동일하나 중력, '피부라는 겉옷'에 얽매이지 않고 신과 더 닮을 것이다. 오리게네스와 니사의 그레고리우스의 의견 대립에 대해서는 Bernard Pottier, "L'humanité du Christ selon Grégoire de Nysse", *Nouvelle Revue de théologie*, t.

120, 1998을 참조하라.

16. Saint Thomas d'Aquin, *Somme théologique*, troisième partie, question 80.

한계

1. 이 주제에 대해서는 Dorian Astor, *Deviens ce que tu es, Pour une vie philosophique*, Autrement, 2016를 보라.

2. *Cahiers de la Quinzaine*, XII, 23 octobre 1910, cité par M. Philibert, *op. cit.*, pp. 217-218.

3. 프로이트는 1897년 12월 3일에 플리스에게 보낸 편지에서 "무의식을 연구하기 시작한 후로 나 자신이 매우 흥미롭게 보였다네"라고 말한다.

4. *Les Mots*, Gallimard, p. 198. 이 주제에 대한 해설로는 Olivier Rey, *Une folle solitude*, Le Seuil, 2006, pp. 244-245를 추천한다.

5. Michel Foucault, *Philosophie*, Folio Gallimard, 2004, p. 62.

6. *Les Cahiers de Malte Laurids Brigge*, Émile-Paul frères, 1947, traduitpar Maurice Betz, p. 10.

7. Ibid., p. 11.

8. 이 주제에 대해서는 뤼크 페리의 빼어난 에세이를 참조하라. Luc Ferry, *Qu'est-ce qu'une vie réussie?*, Grasset, 2002.

9. 2009~2010년 시즌에 파리시립현대미술관은 '데드라인'이라는 제목으로 국제적인 예술가 12인의 말년작들을 전시했다. 데 쿠닝, 한스 하르퉁, 첸전의 회화, 그리고 로버트 메이플소프의 해골 사진 들이 여기에 걸렸다.

10. *Le Joueur d'échecs*, Stock, Cosmopolite.

11. 마르그리트 유르스나르가 번역한 콘스탄틴 카바피의 시 〈이타카〉(Poèmes, Gallimard, 1958). 블라디미르 장켈레비치는 오디세우스를 권태에 시달리는 오늘날의 신동으로 상상했다. 이 오디세우스는 페넬로페와 재회한 후에 다시 바다 동굴의 칼립소와 키르케를 그리워한다. 그 이유는 그가 노스탤지어를 환멸과 맞바꾸었기 때문이다(Vladimir Jankelevitch, *L'irréversible et la nostalgie*, pp. 291-292).

12. In Deschavanne et Tavoillot, *op. cit.*, pp. 305-306.

13. Marcel Proust, *À l'ombre des jeunes filles en fleurs, in À la recherche du temps perdu*, tome 1, La Pléiade, 1987, p. 655.

14. 두 번째 삶이라는 개념에 대해서는 Vladimir Jankélévitch, *L'irréversible et la*

nostalgie, op. cit., pp. 75-77을 보라. 저자는 무덤에서 부활한 라자로의 새 삶은 소나타를 다시 연주하는 것과 비슷하다고 말한다. 같은 주제를 하이데거에 흡사한 수사학과 중국 사상의 영향 아래 다룬 책 François Jullien, *Une seconde vie*, Grasset, 2016도 보라.

15. Nicholas Negroponte, *L'Homme numérique*, traduit par Michèle Garène, Laffont 1995.

16. 이 주제에 대해서는 Catherine Chalier, *Transmettre de génération en génération*, Buchet-Chastel, 2008, pp. 230-231.

17. Marc Lambron, *Vie et mort de Michael Jackson*, Réunion des musées nationaux, 2018, p. 29.

죽음

1. Guy de Maupassant, *Bel Ami*, Paul Ollendorf, 1901, p. 160.

2. André Klarsfeld, Frédéric Revah, *Biologie de la mort*, Odile Jacob, 2000. 이 책의 저자들은 존재를 필연적으로 노화와 죽음에 이르게 하는 상위 법칙은 존재하지 않는다고 주장한다.

3. Jean Claude Ameisen, *La Sculpture du vivant*, Le Seuil, 2003. 저자는 세포자살의 촉발을 억제하여 수명을 기존의 상식선 이상으로 연장하는 것이 21세기 의학의 중대한 쟁점이라고 말한다.

4. *À l'ombre des jeunes filles en fleurs, op. cit.,* p. 221.

5. Jean-Michel Besnier, *Demain les posthumains, Le futur a-t-il encore besoin de nous?*, Hachette Pluriel, 2009.

6. Capital.fr에 실린. 2014년 7월 30일 인터뷰 '1,000세까지 살 사람들이 이미 태어났다'도 보라. 2011년에 출간한 책에서도 로랑 알렉상드르는 메시아적인 어조로 '죽음의 죽음'을 선언했다(Laurent Alexandre, *La mort de la Mort*, JC Lattès, 2011).

7. Julie de la Brosse, "Démiurges et milliardaires", *L'Express*, 10 août 2017.

8. Augustin, *Confessions*, Livre XI, Le Seuil, traduit par Louis de Mondadon, 1982, pp. 311, 328.

9. 고대 그리스인들은 불멸을 세 부분으로 다시 나눈다. 가장 상스러운 불멸은 남녀가 결합해 새로운 생명을 낳는 것이고, 가장 영웅적인 불멸은 전사의 영예이며, 유일하게 진정한 불멸은 플라톤이나 아리스토텔레스가 말했던 것처럼 지

혜를 관조하는 것이다.

10. Vladimir Jankélévitch, *L'irréversible et la nostalgie, op. cit.*, pp. 68-69에서 인용.

11. Alfred de Vigny, "La Maison du berger", *Les Destinées*.

12. "Éphémère destinée", in *Huit études sur la mémoire et ses troubles*, Gallimard, Connaissance de l'Inconscient, 2010, pp. 121-124.

13. Alfred de Musset, "Souvenir", *Revue des Deux Mondes*, 1841.

14. 이 주제에 대해서는 Lucian Boia, *Quand les centenaires seront jeunes*, Les Belles Lettres, 2006을 보라.

15. Jean-François Braunstein, "Auguste Comte, la Vierge Mère et les vaches folles. Les utopies biomédicales du positivisme", in Lucien Sfez(dir.), *L'Utopie de la santé parfaite, Colloque de Cerisy*, PUF, 2001, pp. 289-299에서 인용.

16. Cicéron, De la Vieillesse, *op. cit.*, p. 45.

영원

1. *Mémoire de mes putains tristes*, traduit par Annie Morvan, Grasset, 2005.

2. *Mémoires d'outre-tombe*, Garnier Flammarion, 1982, p. 359.

3. 대표적으로는 보에티우스의《철학의 위안》(6세기 로마의 시인이었던 저자가 사형수의 몸으로 옥중에서 집필한 책)이 있다.

4. 세네카의《위안》이 바로 여기에 해당한다.

5. Marc Aurèle, *Pensées pour moi-même*, Garnier Flammarion, 1999, p. 194.

6. Sénèque, *Lettres à Lucilius*, lettre 12, *op. cit.*, p. 74.

7. Épictète, Manuel, Garnier Flammarion, 1964, p. 210.

8. "그는 죽음으로 나아감이라는 두렵고 끔찍한 행위가 주변 사람들 모두에 의해, 그 자신이 평생 지켜온 법의 관점에서 볼 때 뜻하지 않게 일어난 불편한 일, (마치 악취를 풍기며 응접실에 들어오는 사람을 대할 때처럼) 입에 담기도 싫은 일의 수준으로 격하되는 것을 똑똑히 보았다."(Tolstoï, *La Mort d'Ivan Ilitch*, traduit par Françoise Flamant, Folio Gallimard, 1997, p. 129.)

9. Sigmund Freud, Essais de psychanalyse, "Considérations actuelles sur la guerre et la mort", traduit par André Bourguignon, Rivages, 2001, p. 32.

10. Saint Augustin, *La Cité de Dieu*, Livre I-XI, Points Seuil, 1994, p. 49.

11. Bertrand Vergely, *La Souffrance*, Gallimard, 1997, p. 306. 이 문장도 보자. "진

짜로 살아냈을 때의 죽음은 죽음이 아니다. 생을 체험한 자는 그 풍부한 과거 속에서 죽음을 초월하게 하는 현존을 발견함으로써 살아 있고, 앞으로도 영원히 살 것이다."(p. 260)

12. Lettre à Ménécée.

13. Bossuet, *Sermon sur la mort*, Le Seuil spiritualités, 1997, p. 201.

14. 페늘롱이 쓴 기도서에서 매달 27일에 바치는 기도문을 발췌.

15. Paul Veyne, *Sénèque*, Texto, 2007, préface de Louis Jerphagnon.

16. Bossuet, *Sermon sur la mort*, Garnier Flammarion, pp. 142-143.

17. Sénèque, *Consolations*, *op. cit.*, pp. 128-129.

18. Ibid., p. 135.

19. Ibid., p. 27.

에필로그

1. Dino Buzzati, *Le K*, Robert Laffont, 1967.

아직 오지 않은 날들을 위하여
세계적 지성이 전하는 나이듦의 새로운 태도

초판 1쇄 2021년 11월 12일
초판 17쇄 2023년 3월 27일

지은이 | 파스칼 브뤼크네르
옮긴이 | 이세진

발행인 | 문태진
본부장 | 서금선
책임편집 | 이보람   편집 2팀 | 임은선 원지연

기획편집팀 | 한성수 임선아 허문선 최지인 이준환 송현경 이은지 유진영 장서원
마케팅팀 | 김동준 이재성 박병국 문무현 김윤희 김혜민 조용환 이지현
디자인팀 | 김현철 손성규   저작권팀 | 정선주
경영지원팀 | 노강희 윤현성 정헌준 조샘 조희연 김기현 이하늘
강연팀 | 장진항 조은빛 강유정 신유리 김수연 서민지

펴낸곳 | ㈜인플루엔셜
출판신고 | 2012년 5월 18일 제300-2012-1043호
주소 | (06619) 서울특별시 서초구 서초대로 398 BnK디지털타워 11층
전화 | 02)720-1034(기획편집) 02)720-1024(마케팅) 02)720-1042(강연섭외)
팩스 | 02)720-1043   전자우편 | books@influential.co.kr
홈페이지 | www.influential.co.kr

한국어판 출판권 ⓒ ㈜인플루엔셜, 2021

ISBN 979-11-6834-003-9 (03100)